I0232668

CAZAQUE
VOCABULÁRIO

PORTUGUÊS BRASILEIRO

PORTUGUÊS CAZAQUE

Para alargar o seu léxico e apurar
as suas competências linguísticas

5000 palavras

Vocabulário Português Brasileiro-Cazaque - 5000 palavras

Por Andrey Taranov

Os vocabulários da T&P Books destinam-se a ajudar a aprender, a memorizar, e a rever palavras estrangeiras. O dicionário é dividido em temas, cobrindo todas as principais esferas de atividades quotidianas, negócios, ciência, cultura, etc.

O processo de aprendizagem, utilizando os dicionários baseados em temáticas da T&P Books dá-lhe as seguintes vantagens:

- Informação de origem corretamente agrupada predetermina o sucesso em fases subsequentes da memorização de palavras
- Disponibilização de palavras derivadas da mesma raiz, o que permite a memorização de unidades de texto (em vez de palavras separadas)
- Pequenas unidades de palavras facilitam o processo de estabelecimento de vínculos associativos necessários para a consolidação do vocabulário
- O nível de conhecimento da língua pode ser estimado pelo número de palavras aprendidas

Copyright © 2019 T&P Books Publishing

Todos os direitos reservados. Nenhuma parte desta publicação pode ser reproduzida, total ou parcialmente, por quaisquer métodos ou processos, sejam eles eletrônicos, mecânicos, de fotocópia ou outros, sem a autorização escrita do editor. Esta publicação não pode ser divulgada, copiada ou distribuída em nenhum formato.

T&P Books Publishing
www.tpbooks.com

ISBN: 978-1-78767-375-5

Este livro também está disponível em formato E-book.
Por favor visite www.tpbooks.com ou as principais livrarias on-line.

VOCABULÁRIO CAZAQUE
palavras mais úteis

Os vocabulários da T&P Books destinam-se a ajudar a aprender, a memorizar, e a rever palavras estrangeiras. O vocabulário contém mais de 5000 palavras de uso comum organizadas tematicamente.

O vocabulário contém as palavras mais comummente usadas
Recomendado como adicional para qualquer curso de línguas
Satisfaz as necessidades dos iniciados e dos alunos avançados de línguas estrangeiras
Conveniente para o uso diário, sessões de revisão e atividades de auto-teste
Permite avaliar o seu vocabulário

Características especias do vocabulário

- As palavras estão organizadas de acordo com o seu significado, e não por ordem alfabética
- As palavras são apresentadas em três colunas para facilitar os processos de revisão e auto-teste
- As palavras compostas são divididas em pequenos blocos para facilitar o processo de aprendizagem
- O vocabulário oferece uma transcrição simples e adequada de cada palavra estrangeira

O vocabulário contém 155 tópicos incluindo:

Conceitos básicos, Números, Cores, Meses, Estações do ano, Unidades de medida, Roupas & Acessórios, Alimentos & Nutrição, Restaurante, Membros da Família, Parentes, Caráter, Sentimentos, Emoções, Doenças, Cidade, Passeios, Compras, Dinheiro, Casa, Lar, Escritório, Trabalho no Escritório, Importação & Exportação, Marketing, Pesquisa de Emprego, Esportes, Educação, Computador, Internet, Ferramentas, Natureza, Países, Nacionalidades e muito mais ...

TABELA DE CONTEÚDOS

GUIA DE PRONUNCIAÇÃO

Alfabeto fonético T&P	Exemplo Cazaque	Exemplo Português
[a]	танауы [tanawi]	chamar
[e]	лейтенант [lejtenant]	metal
[ɛ]	экран [ɛkran]	mesquita
[i]	сөндіру [søndiru]	sinônimo
[ɪ]	принцип [prɪnʦɪp]	sinônimo
[ɨ]	айқындық [ajqɨndɨq]	sinônimo
[o]	жолбарыс [ʒolbarɨs]	lobo
[u]	қуыру [quɨru]	bonita
[ʉ]	жүгері [ʒʉgerɪ]	nacional
[ʊ]	қаламұш [qalamʊʃ]	bonita
[ø]	актер [aktør]	orgulhoso
[æ]	әзірлеу [æzirleu]	semana
[ju]	сарғаю [sarɣaju]	nacional
[ja]	саяхат [sajahat]	Himalaias
[b]	баяндау [bajandau]	barril
[d]	құндыз [qundiz]	dentista
[dʒ]	джинсы [dʒɪnsi]	adjetivo
[f]	ферма [ferma]	safári
[g]	үлгіші [ʉlgiʃi]	gosto
[ɣ]	жағдай [ʒaɣdaj]	agora
[ʒ]	қажетті [qaʒetti]	talvez
[j]	өгей ана [øgej ana]	Vietnã
[h]	халық [halɨq]	[h] aspirada
[k]	кілегей [kilegej]	aquilo
[l]	либерал [lɪberal]	libra
[m]	көмектесу [kømektesu]	magnólia
[n]	неміс [nemis]	natureza
[ŋ]	қаңтар [qaŋtar]	alcançar
[p]	пайдалы [pajdalɨ]	presente
[q]	қақпақ [qaqpaq]	teckel
[r]	реттелім [rettelim]	riscar
[s]	саңырау [saŋɨrau]	sanita
[ʃ]	сиқыршы [sɪqɨrʃɨ]	mês
[ɕ]	тұщы [tuɕɨ]	shiatsu
[t]	тақтайша [taqtajʃa]	tulipa
[ʦ]	инфляция [ɪnfljaʦɨja]	tsé-tsé
[ʧ]	чемпион [ʧempion]	Tchau!
[v]	вольт [volʲt]	fava

Alfabeto fonético T&P	Exemplo Cazaque	Exemplo Português
[z]	**заңгер** [zaŋger]	sésamo
[w]	**бауыр** [bawir]	bonita
[ʲ]	**компьютер** [kompʲuter]	sinal suave

ABREVIATURAS
usadas no vocabulário

Abreviaturas do Português

adj	-	adjetivo
adv	-	advérbio
anim.	-	animado
conj.	-	conjunção
desp.	-	esporte
etc.	-	Etcetera
ex.	-	por exemplo
f	-	nome feminino
f pl	-	feminino plural
fem.	-	feminino
inanim.	-	inanimado
m	-	nome masculino
m pl	-	masculino plural
m, f	-	masculino, feminino
masc.	-	masculino
mat.	-	matemática
mil.	-	militar
pl	-	plural
prep.	-	preposição
pron.	-	pronome
sb.	-	sobre
sing.	-	singular
v aux	-	verbo auxiliar
vi	-	verbo intransitivo
vi, vt	-	verbo intransitivo, transitivo
vr	-	verbo reflexivo
vt	-	verbo transitivo

CONCEITOS BÁSICOS

Conceitos básicos. Parte 1

1. Pronomes

eu	мен	[men]
você	сен	[sen]
ele, ela	ол	[ol]
nós	біз	[biz]
vocês	сендер	[sender]
eles, elas	олар	[olar]

2. Cumprimentos. Saudações. Despedidas

Oi!	Сәлем!	[sælem]
Olá!	Сәлеметсіз бе?	[sælemetsiz be]
Bom dia!	Қайырлы таң!	[qajirli taŋ]
Boa tarde!	Қайырлы күн!	[qajirli kɯn]
Boa noite!	Қайырлы кеш!	[qajirli keʃ]
cumprimentar (vt)	сәлемдесу	[sælemdesu]
Oi!	Сәлем!	[sælem]
saudação (f)	сәлем	[sælem]
saudar (vt)	амандасу	[amandasu]
Como você está?	Қалыңыз қалай?	[qaliŋiz qalaj]
Como vai?	Қалың қалай?	[qaliŋ qalaj]
E aí, novidades?	Не жаңалық бар?	[ne ʒaŋaliq bar]
Tchau!	Сау болыңыз!	[sau boliŋiz]
Até logo!	Сау бол!	[sau bol]
Até breve!	Келесі кездескенше!	[kelesi kezdeskenʃæ]
Adeus! (sing.)	Қош!	[qoʃ]
Adeus! (pl)	Сау болыңыз!	[sau boliŋiz]
despedir-se (dizer adeus)	қоштасу	[qoʃtasu]
Até mais!	Әзір!	[æzir]
Obrigado! -a!	Рахмет!	[rahmet]
Muito obrigado! -a!	Үлкен рахмет!	[ʉlken rahmet]
De nada	Мархабат	[marhabat]
Não tem de quê	Мархабат түк емес	[marhabat tɯk emes]
Não foi nada!	Түк емес	[tɯk emes]
Desculpa!	Кешір!	[keʃir]
Desculpe!	Кешіріңіз!	[keʃiriŋiz]
desculpar (vt)	кешіру	[keʃiru]

desculpar-se (vr)	кешірім сұрау	[keʃirim surau]
Me desculpe	Кешірім сұраймын	[keʃirim surajmin]
Desculpe!	Кешіріңіз!	[keʃiriŋiz]
perdoar (vt)	кешіру	[keʃiru]
Não faz mal	Оқасы жоқ	[oqasɨ ʒoq]
por favor	өтінемін	[øtinemin]

Não se esqueça!	Ұмытпаңызшы!	[ʊmɨtpaŋɨzʃi]
Com certeza!	Әрине!	[ærɪne]
Claro que não!	Әрине жоқ!	[ærɪne ʒoq]
Está bem! De acordo!	Келісемін!	[kelisemin]
Chega!	Болды!	[boldɨ]

3. Como se dirigir a alguém

senhor	Мырза	[mɨrza]
senhora	Ханым	[hanɨm]
senhorita	Қыз	[qɨz]
jovem	Жігіт	[ʒigit]
menino	Ұл	[ʊl]
menina	Қыз	[qɨz]

4. Números cardinais. Parte 1

zero	нөл	[nøl]
um	бір	[bir]
dois	екі	[eki]
três	үш	[ʊʃ]
quatro	төрт	[tørt]

cinco	бес	[bes]
seis	алты	[altɨ]
sete	жеті	[ʒeti]
oito	сегіз	[segiz]
nove	тоғыз	[toɣɨz]

dez	он	[on]
onze	он бір	[on bir]
doze	он екі	[on eki]
treze	он үш	[on ʊʃ]
catorze	он төрт	[on tørt]

quinze	он бес	[on bes]
dezesseis	он алты	[on altɨ]
dezessete	он жеті	[on ʒeti]
dezoito	он сегіз	[on segiz]
dezenove	он тоғыз	[on toɣɨz]

vinte	жиырма	[ʒɪɨrma]
vinte e um	жиырма бір	[ʒɪɨrma bir]
vinte e dois	жиырма екі	[ʒɪɨrma eki]
vinte e três	жиырма үш	[ʒɪɨrma ʊʃ]

trinta	отыз	[otiz]
trinta e um	отыз бір	[otiz bir]
trinta e dois	отыз екі	[otiz eki]
trinta e três	отыз үш	[otiz ʉʃ]
quarenta	қырық	[qïrïq]
quarenta e um	қырық бір	[qïrïq bir]
quarenta e dois	қырық екі	[qïrïq eki]
quarenta e três	қырық үш	[qïrïq ʉʃ]
cinquenta	елу	[elʉ]
cinquenta e um	елу бір	[elʉ bir]
cinquenta e dois	елу екі	[elʉ eki]
cinquenta e três	елу үш	[elʉ ʉʃ]
sessenta	алпыс	[alpis]
sessenta e um	алпыс бір	[alpis bir]
sessenta e dois	алпыс екі	[alpis eki]
sessenta e três	алпыс үш	[alpis ʉʃ]
setenta	жетпіс	[ʒetpis]
setenta e um	жетпіс бір	[ʒetpis bir]
setenta e dois	жетпіс екі	[ʒetpis eki]
setenta e três	жетпіс үш	[ʒetpis ʉʃ]
oitenta	сексен	[seksen]
oitenta e um	сексен бір	[seksen bir]
oitenta e dois	сексен екі	[seksen eki]
oitenta e três	сексен үш	[seksen ʉʃ]
noventa	тоқсан	[toqsan]
noventa e um	тоқсан бір	[toqsan bir]
noventa e dois	тоқсан екі	[toqsan eki]
noventa e três	тоқсан үш	[toqsan ʉʃ]

5. Números cardinais. Parte 2

cem	жүз	[ʒʉz]
duzentos	екі жүз	[eki ʒʉz]
trezentos	үш жүз	[ʉʃ ʒʉz]
quatrocentos	төрт жүз	[tørt ʒʉz]
quinhentos	бес жүз	[bes ʒʉz]
seiscentos	алты жүз	[altï ʒʉz]
setecentos	жеті жүз	[ʒeti ʒʉz]
oitocentos	сегіз жүз	[segiz ʒʉz]
novecentos	тоғыз жүз	[toɣïz ʒʉz]
mil	мың	[mïŋ]
dois mil	екі мың	[eki mïŋ]
três mil	үш мың	[ʉʃ mïŋ]
dez mil	он мың	[on mïŋ]
cem mil	жүз мың	[ʒʉz mïŋ]
um milhão	миллион	[mïllïon]
um bilhão	миллиард	[mïllïard]

6. Números ordinais

primeiro (adj)	бірінші	[birinʃi]
segundo (adj)	екінші	[ekinʃi]
terceiro (adj)	үшінші	[uʃinʃi]
quarto (adj)	төртінші	[tørtinʃi]
quinto (adj)	бесінші	[besinʃi]
sexto (adj)	алтыншы	[altinʃi]
sétimo (adj)	жетінші	[ʒetinʃi]
oitavo (adj)	сегізінші	[segizinʃi]
nono (adj)	тоғызыншы	[toɣizinʃi]
décimo (adj)	оныншы	[oninʃi]

7. Números. Frações

fração (f)	бөлшек	[bølʃæk]
um meio	екіден бір	[ekiden bir]
um terço	үштен бір	[uʃten bir]
um quarto	төрттен бір	[tørtten bir]
um oitavo	сегізден бір	[segizden bir]
um décimo	оннан бір	[onan bir]
dois terços	үштен екі	[uʃten eki]
três quartos	төрттен үш	[tørtten uʃ]

8. Números. Operações básicas

subtração (f)	азайту	[azajtu]
subtrair (vi, vt)	алу	[alu]
divisão (f)	бөлү	[bølu]
dividir (vt)	бөлү	[bølu]
adição (f)	қосу	[qosu]
somar (vt)	қосу	[qosu]
adicionar (vt)	қосу	[qosu]
multiplicação (f)	көбейту	[købejtu]
multiplicar (vt)	көбейту	[købejtu]

9. Números. Diversos

algarismo, dígito (m)	сан	[san]
número (m)	сан	[san]
numeral (m)	сан есім	[san esim]
menos (m)	алу белгісі	[alu belgisi]
mais (m)	қосу белгісі	[qosu belgisi]
fórmula (f)	формула	[formula]
cálculo (m)	есептеп шығару	[eseptep ʃiɣaru]
contar (vt)	санау	[sanau]

calcular (vt)	есептеу	[esepteu]
comparar (vt)	салыстыру	[salistiru]
Quanto?	Неше?	[neʃæ]
Quantos? -as?	Қанша?	[qanʃa]
soma (f)	қосынды	[qosindi]
resultado (m)	қорытынды	[qoritindi]
resto (m)	қалдық	[qaldiq]
alguns, algumas ...	бірнеше	[birneʃæ]
pouco (~ tempo)	көп емес ...	[køp emes]
resto (m)	қалғаны	[qalɣani]
um e meio	бір жарым	[bir ʒarim]
dúzia (f)	дожна	[doʒna]
ao meio	қақ бөліп	[qaq bølip]
em partes iguais	бірдей бөлу	[birdej bølʉ]
metade (f)	жарты	[ʒarti]
vez (f)	рет	[ret]

10. Os verbos mais importantes. Parte 1

abrir (vt)	ашу	[aʃu]
acabar, terminar (vt)	бітіру	[bitiru]
aconselhar (vt)	кеңес беру	[keŋes beru]
adivinhar (vt)	шешу	[ʃæʃu]
advertir (vt)	ескерту	[eskertu]
ajudar (vt)	көмектесу	[kømektesu]
almoçar (vi)	түскі тамақ жеу	[tʉski tamaq ʒeu]
alugar (~ um apartamento)	жалға алу	[ʒalɣa alu]
amar (pessoa)	жақсы көру	[ʒaqsi køru]
ameaçar (vt)	қорқыту	[qorqitu]
anotar (escrever)	жазу	[ʒazu]
apressar-se (vr)	асығу	[asiɣu]
arrepender-se (vr)	өкіну	[økinu]
assinar (vt)	қол қою	[qol qoju]
brincar (vi)	әзілдеу	[æzildeu]
brincar, jogar (vi, vt)	ойнау	[ojnau]
buscar (vt)	іздеу	[izdeu]
caçar (vi)	аулау	[aulau]
cair (vi)	құлау	[qʊlau]
cavar (vt)	қазу	[qazu]
chamar (~ por socorro)	жәрдемге шақыру	[ʒærdemge ʃaqiru]
chegar (vi)	келу	[kelu]
chorar (vi)	жылау	[ʒilau]
começar (vt)	бастау	[bastau]
comparar (vt)	салыстыру	[salistiru]
concordar (dizer "sim")	көну	[kønu]
confiar (vt)	сену	[senu]

confundir (equivocar-se)	қателесу	[qatelesu]
conhecer (vt)	білу	[bilu]
contar (fazer contas)	санау	[sanau]
contar com ...	үміт арту ...	[ʉmit artu]
continuar (vt)	жалғастыру	[ʒalɣastiru]

controlar (vt)	бақылау	[baqɨlau]
convidar (vt)	шақыру	[ʃaqɨru]
correr (vi)	жүгіру	[ʒʉgiru]
criar (vt)	құру	[quru]
custar (vt)	тұру	[turu]

11. Os verbos mais importantes. Parte 2

dar (vt)	беру	[beru]
dar uma dica	тұспалдау	[tuspaldau]
decorar (enfeitar)	әсемдеу	[æsemdeu]
defender (vt)	қорғау	[qorɣau]
deixar cair (vt)	түсіру	[tʉsiru]

descer (para baixo)	түсу	[tʉsu]
desculpar (vt)	кешіру	[keʃiru]
desculpar-se (vr)	кешірім сұрау	[keʃirim surau]
dirigir (~ uma empresa)	басқару	[basqaru]
discutir (notícias, etc.)	талқылау	[talqɨlau]

disparar, atirar (vi)	ату	[atu]
dizer (vt)	айту	[ajtu]
duvidar (vt)	шүбәлану	[ʃʉbælanu]
encontrar (achar)	табу	[tabu]
enganar (vt)	алдау	[aldau]

entender (vt)	түсіну	[tʉsinu]
entrar (na sala, etc.)	кіру	[kiru]
enviar (uma carta)	жөнелту	[ʒøneltu]
errar (enganar-se)	қателесу	[qatelesu]
escolher (vt)	таңдау	[taŋdau]

esconder (vt)	жасыру	[ʒasɨru]
escrever (vt)	жазу	[ʒazu]
esperar (aguardar)	тосу	[tosu]
esperar (ter esperança)	үміттену	[ʉmittenu]
esquecer (vt)	ұмыту	[umɨtu]

estudar (vt)	зерттеу	[zertteu]
exigir (vt)	талап ету	[talap etu]
existir (vi)	тіршілік ету	[tirʃilik etu]
explicar (vt)	түсіндіру	[tʉsindiru]

falar (vi)	сөйлесу	[søjlesu]
faltar (a la escuela, etc.)	өткізу	[øtkizu]
fazer (vt)	жасау	[ʒasau]
ficar em silêncio	үндемеу	[ʉndemeu]
gabar-se (vr)	мақтану	[maqtanu]

gostar (apreciar)	ұнау	[ʊnau]
gritar (vi)	айғайлау	[ajɣajlau]
guardar (fotos, etc.)	сақтау	[saqtau]
informar (vt)	мәлімдеу	[mælimdeu]
insistir (vi)	кеуделеу	[keudeleu]

insultar (vt)	қорлау	[qorlau]
interessar-se (vr)	көңіл қою	[køŋil qoju]
ir (a pé)	жүру	[ʒʉru]
ir nadar	шомылу	[ʃomɯlu]
jantar (vi)	кешкі тамақ ішу	[keʃki tamaq iʃu]

12. Os verbos mais importantes. Parte 3

ler (vt)	оқу	[oqu]
libertar, liberar (vt)	босату	[bosatu]
matar (vt)	өлтіру	[øltiru]
mencionar (vt)	атау	[atau]
mostrar (vt)	көрсету	[kørsetu]

mudar (modificar)	өзгерту	[øzgertu]
nadar (vi)	жүзу	[ʒʉzu]
negar-se a … (vr)	бас тарту	[bas tartu]
objetar (vt)	қарсы айту	[qarsɯ ajtu]

observar (vt)	бақылау	[baqɯlau]
ordenar (mil.)	бұйыру	[bujɯru]
ouvir (vt)	есту	[estu]
pagar (vt)	төлеу	[tøleu]
parar (vi)	тоқтау	[toqtau]

parar, cessar (vt)	доғару	[doɣaru]
participar (vi)	қатысу	[qatɯsu]
pedir (comida, etc.)	жасату	[ʒasatu]
pedir (um favor, etc.)	сұрау	[sʊrau]
pegar (tomar)	алу	[alu]

pegar (uma bola)	ұстау	[ʊstau]
pensar (vi, vt)	ойлану	[ojlanu]
perceber (ver)	байқап қалу	[bajqap qalu]
perdoar (vt)	кешіру	[keʃiru]
perguntar (vt)	сұрау	[sʊrau]

permitir (vt)	рұқсат ету	[rʊqsat etu]
pertencer a … (vi)	меншігі болу	[menʃigi bolu]
planejar (vt)	жоспарлау	[ʒosparlau]
poder (~ fazer algo)	істей алу	[istej alu]
possuir (uma casa, etc.)	ие болу	[ie bolu]

preferir (vt)	артық көру	[artɯq køru]
preparar (vt)	әзірлеу	[æzirleu]
prever (vt)	алдағыны болжап білу	[aldaɣɯnɯ bolʒap bilu]
prometer (vt)	уәде беру	[wæde beru]
pronunciar (vt)	айту	[ajtu]

propor (vt)	ұсыну	[ʊsinu]
punir (castigar)	жазалау	[ʒazalau]
quebrar (vt)	сындыру	[sindiru]
queixar-se de …	арыздану	[arizdanu]
querer (desejar)	тілеу	[tileu]

13. Os verbos mais importantes. Parte 4

ralhar, repreender (vt)	ұрсу	[ʊrsu]
recomendar (vt)	кеңес беру	[keŋes beru]
repetir (dizer outra vez)	қайталау	[qajtalau]
reservar (~ um quarto)	кейінге сақтау	[kejinge saqtau]
responder (vt)	жауап беру	[ʒawap beru]

rezar, orar (vi)	сиыну	[sïïnu]
rir (vi)	күлу	[kʉlu]
roubar (vt)	ұрлау	[ʊrlau]
saber (vt)	біту	[bilu]
sair (~ de casa)	шығу	[ʃïɣu]

salvar (resgatar)	құтқару	[qʊtqaru]
seguir (~ alguém)	артынан еру	[artinan eru]
sentar-se (vr)	отыру	[otiru]
ser necessário	керек болу	[kerek bolu]

ser, estar	болу	[bolu]
significar (vt)	білдіру	[bilʲdiru]
sorrir (vi)	күлімдеу	[kʉlimdeu]
subestimar (vt)	бағалау	[baɣalamau]
surpreender-se (vr)	таңдану	[taŋdanu]

tentar (~ fazer)	байқап көру	[bajqap køru]
ter (vt)	өзінде бар болу	[øzinde bar bolu]
ter fome	жегісі келу	[ʒegisi kelu]

ter medo	қорқу	[qorqu]
ter sede	шөлдеу	[ʃøldeu]
tocar (com as mãos)	қозғау	[qozɣau]
tomar café da manhã	ертеңгі тамақты ішу	[erteŋgi tamaqtï iʃu]
trabalhar (vi)	жұмыс істеу	[ʒumïs isteu]
traduzir (vt)	аудару	[audaru]

unir (vt)	біріктіру	[biriktirʉ]
vender (vt)	сату	[satu]
ver (vt)	көру	[køru]
virar (~ para a direita)	бұру	[buru]
voar (vi)	ұшу	[ʊʃu]

14. Cores

cor (f)	түс	[tʉs]
tom (m)	түс	[tʉs]

| tonalidade (m) | түс | [tʉs] |
| arco-íris (m) | кемпір қосақ | [kempir qosaq] |

branco (adj)	ақ	[aq]
preto (adj)	қара	[qara]
cinza (adj)	сұр	[sʊr]

verde (adj)	жасыл	[ʒasɨl]
amarelo (adj)	сары	[sarɨ]
vermelho (adj)	қызыл	[qizɨl]

azul (adj)	көк	[køk]
azul claro (adj)	көгілдір	[køgildir]
rosa (adj)	қызғылт	[qizɣɨlt]
laranja (adj)	сарғылт	[sarɣɨlt]
violeta (adj)	күлгін	[kʉlgin]
marrom (adj)	қоңыр	[qoŋir]

| dourado (adj) | алтын | [altin] |
| prateado (adj) | күміс түсті | [kʉmis tʉsti] |

bege (adj)	ақшыл сары	[aqʃɨl sarɨ]
creme (adj)	ақшыл сары	[aqʃɨl sarɨ]
turquesa (adj)	көк	[køk]
vermelho cereja (adj)	шие түсті	[ʃie tʉsti]
lilás (adj)	ақшыл көк	[aqʃɨl køk]
carmim (adj)	қызыл күрең	[qizil kʉreŋ]

claro (adj)	ашық	[aʃiq]
escuro (adj)	қоңыр	[qonir]
vivo (adj)	айқын	[ajqin]

de cor	түрлі-түсті	[tʉrli tʉsti]
a cores	түрлі-түсті	[tʉrli tʉsti]
preto e branco (adj)	қара-ала	[qara ala]
unicolor (de uma só cor)	бір түсті	[bir tʉsti]
multicolor (adj)	алабажақ	[alabaʒaq]

15. Questões

Quem?	Кім?	[kim]
O que?	Не?	[ne]
Onde?	Қайда?	[qajda]
Para onde?	Қайда?	[qajda]
De onde?	Қайдан?	[qajdan]
Quando?	Қашан?	[qaʃan]
Para quê?	Неге?	[nege]
Por quê?	Неге?	[nege]

Para quê?	Не үшін?	[ne ʉʃin]
Como?	Қалай?	[qalaj]
Qual (~ é o problema?)	Қандай?	[qandaj]
Qual (~ deles?)	Нешінші?	[neʃinʃi]
A quem?	Кімге?	[kimge]

De quem?	Кім туралы?	[kim turalɨ]
Do quê?	Не жөнінде?	[ne ʒøninde]
Com quem?	Кіммен?	[kimmen]

Quantos? -as?	Қанша?	[qanʃa]
Quanto?	Неше?	[neʃæ]
De quem? (masc.)	Кімнің?	[kimniŋ]

16. Preposições

com (prep.)	бірге	[birge]
sem (prep.)	онсыз	[onsiz]
a, para (exprime lugar)	-да, -де, -та, -те	[da], [de], [ta], [te]
sobre (ex. falar ~)	туралы	[turalɨ]
antes de …	алдында	[aldɨnda]
em frente de …	алдында	[aldɨnda]

debaixo de …	астында	[astɨnda]
sobre (em cima de)	үстінде	[ʊstinde]
em …, sobre …	үстінде	[ʊstinde]
de, do (sou ~ Rio de Janeiro)	-дан, -ден, -тан, -тен	[dan], [den], [tan], [ten]
de (feito ~ pedra)	-дан, -ден, -тан, -тен	[dan], [den], [tan], [ten]

| em (~ 3 dias) | кейін, соң | [kejin], [soŋ] |
| por cima de … | кейін, соң | [kejin], [soŋ] |

17. Palavras funcionais. Advérbios. Parte 1

Onde?	Қайда?	[qajda]
aqui	осында	[osɨnda]
lá, ali	онда	[onda]

| em algum lugar | әлдеқайда | [ældeqajda] |
| em lugar nenhum | еш жерде | [eʃ ʒerde] |

| perto de … | қасында | [qasɨnda] |
| perto da janela | терезенің қасында | [terezeniŋ qasɨnda] |

Para onde?	Қайда?	[qajda]
aqui	мұнда	[mʊnda]
para lá	онда	[onda]
daqui	осы жерден	[osɨ ʒerden]
de lá, dali	ол жақтан	[ol ʒaqtan]

| perto | жақын | [ʒaqɨn] |
| longe | алыс | [alɨs] |

perto de …	қасында	[qasɨnda]
à mão, perto	жақын	[ʒaqɨn]
não fica longe	алыс емес	[alɨs emes]
esquerdo (adj)	сол	[sol]
à esquerda	сол жақтан	[sol ʒaqtan]

para a esquerda	солға	[solɣa]
direito (adj)	оң	[oŋ]
à direita	оң жақтан	[oŋ ʒaqtan]
para a direita	оңға	[oŋɣa]

em frente	алдынан	[aldinan]
da frente	алдыңғы	[aldiŋɣi]
adiante (para a frente)	алға	[alɣa]

atrás de ...	артынан	[artinan]
de trás	артынан	[artinan]
para trás	кейін	[kejin]

| meio (m), metade (f) | орта | [orta] |
| no meio | ортасында | [ortasinda] |

do lado	бір бүйірден	[bir bujirden]
em todo lugar	барлық жерде	[barliq ʒerde]
por todos os lados	айнала	[ajnala]

de dentro	іштен	[iʃten]
para algum lugar	әлдеқайда	[ældeqajda]
diretamente	тура	[tura]
de volta	кері	[keri]

| de algum lugar | қайдан болсада | [qajdan bolsada] |
| de algum lugar | қайдан болсада | [qajdan bolsada] |

em primeiro lugar	біріншіден	[birinʃiden]
em segundo lugar	екіншіден	[ekinʃiden]
em terceiro lugar	үшіншіден	[uʃinʃiden]

de repente	кенет	[kenet]
no início	басында	[basinda]
pela primeira vez	алғаш	[alɣaʃ]
muito antes de ...	көп бұрын ...	[køp burin]
de novo	жаңадан	[ʒaŋadan]
para sempre	мәңгі-бақи	[mæŋgi baqı]

nunca	еш уақытта	[eʃ waqitta]
de novo	тағы	[taɣi]
agora	енді	[endi]
frequentemente	жиі	[ʒıi]
então	сол кезде	[sol kezde]
urgentemente	жедел	[ʒedel]
normalmente	әдетте	[ædette]

a propósito, ...	айтпақшы	[ajtpaqʃi]
é possível	мүмкін	[mumkin]
provavelmente	мүмкін	[mumkin]
talvez	мүмкін	[mumkin]
além disso, ...	одан басқа ...	[odan basqa]
por isso ...	сондықтан	[sondiqtan]
apesar de ...	қарамастан ...	[qaramastan]
graças a ...	арқасында ...	[arqasinda]
que (pron.)	не	[ne]

que (conj.)	не	[ne]
algo	осы	[osɨ]
alguma coisa	бір нәрсе	[bir nærse]
nada	ештеңе	[eʃteŋe]

quem	кім	[kim]
alguém (~ que …)	кейбіреу	[kejbireu]
alguém (com ~)	біреу	[bireu]

ninguém	ешкім	[eʃkim]
para lugar nenhum	ешқайда	[eʃqajda]
de ninguém	ешкімнің	[eʃkimniŋ]
de alguém	біреудің	[bireudiŋ]

tão	солай	[solaj]
também (gostaria ~ de …)	дәл осындай	[dæl osɨndaj]
também (~ eu)	да, де	[da], [de]

18. Palavras funcionais. Advérbios. Parte 2

Por quê?	Неге?	[nege]
por alguma razão	неге екені белгісіз	[nege ekeni belgisiz]
porque …	өйткені …	[øjtkeni]
por qualquer razão	бірдеңеге	[birdeŋege]

e (tu ~ eu)	және	[ʒæne]
ou (ser ~ não ser)	немесе	[nemese]
mas (porém)	бірақ	[biraq]
para (~ a minha mãe)	үшін	[ʉʃin]

muito, demais	тым	[tɨm]
só, somente	тек қана	[tek qana]
exatamente	дәл	[dæl]
cerca de (~ 10 kg)	жуық	[ʒuɨq]

aproximadamente	шамамен	[ʃamamen]
aproximado (adj)	шамасында	[ʃamasɨnda]
quase	дерлік	[derlik]
resto (m)	қалғаны	[qalɣanɨ]

cada (adj)	әр	[ær]
qualquer (adj)	әрбіреу	[ærbireu]
muito, muitos, muitas	көп	[køp]
muitas pessoas	көптеген	[køptegen]
todos	бүкіл	[bʉkil]

em troca de …	айырбастау …	[ajɨrbastau]
em troca	орнына	[ornɨna]
à mão	қолмен	[qolmen]
pouco provável	күдікті	[kʉdikti]

provavelmente	сірә	[siræ]
de propósito	әдейі	[ædeji]
por acidente	кездейсоқ	[kezdejsoq]

muito	өте	[øte]
por exemplo	мысалы	[misali]
entre	арасында	[arasinda]
entre (no meio de)	арасында	[arasinda]
tanto	мұнша	[mʊnʃa]
especialmente	әсіресе	[æsirese]

Conceitos básicos. Parte 2

19. Dias da semana

segunda-feira (f)	дүйсенбі	[dujsenbi]
terça-feira (f)	сейсенбі	[sejsenbi]
quarta-feira (f)	сәрсенбі	[særsenbi]
quinta-feira (f)	бейсенбі	[bejsenbi]
sexta-feira (f)	жұма	[ʒuma]
sábado (m)	сенбі	[senbi]
domingo (m)	жексенбі	[ʒeksenbi]
hoje	бүгін	[bugin]
amanhã	ертең	[erteŋ]
depois de amanhã	бүрсігүні	[bursiguni]
ontem	кеше	[keʃæ]
anteontem	алдыңғы күні	[aldiŋɣi kuni]
dia (m)	күн	[kun]
dia (m) de trabalho	жұмыс күні	[ʒumis kuni]
feriado (m)	мерекелік күн	[merekelik kun]
dia (m) de folga	демалыс күні	[demalis kuni]
fim (m) de semana	демалыс	[demalis]
o dia todo	күні бойы	[kuni boji]
no dia seguinte	ертесіне	[ertesine]
há dois dias	екі күн кері	[eki kun keri]
na véspera	қарсаңында	[qarsaŋinda]
diário (adj)	күнделікті	[kundelikti]
todos os dias	күнбе-күн	[kunbe kun]
semana (f)	апта	[apta]
na semana passada	өткен жұмада	[øtken ʒumada]
semana que vem	келесі жұмада	[kelesi ʒumada]
semanal (adj)	апталық	[aptaliq]
toda semana	апта сайын	[apta sajin]
duas vezes por semana	жұмада екі рет	[ʒumada eki ret]
toda terça-feira	сейсенбі сайын	[sejsenbi sajin]

20. Horas. Dia e noite

manhã (f)	таң	[taŋ]
de manhã	таңертеңгілік	[taŋerteŋgilik]
meio-dia (m)	тал түс	[tal tus]
à tarde	түстен кейін	[tusten kejin]
tardinha (f)	кеш	[keʃ]
à tardinha	кешке	[keʃke]

noite (f)	түн	[tʉn]
à noite	түнде	[tʉnde]
meia-noite (f)	түн жарымы	[tʉn ʒarimɨ]
segundo (m)	секунд	[sekund]
minuto (m)	минут	[mɪnut]
hora (f)	сағат	[saɣat]
meia hora (f)	жарты сағат	[ʒartɨ saɣat]
quarto (m) de hora	он бес минут	[on bes mɪnut]
quinze minutos	он бес минут	[on bes mɪnut]
vinte e quatro horas	тәулік	[tæulik]
nascer (m) do sol	күннің шығуы	[kʉniŋ ʃɨɣuɨ]
amanhecer (m)	таң ату	[taŋ atu]
madrugada (f)	азан	[azan]
pôr-do-sol (m)	күннің батуы	[kʉniŋ batuɨ]
de madrugada	таңертең	[taŋerteŋ]
esta manhã	бүгін ертеңмен	[bʉgin erteŋmen]
amanhã de manhã	ертең ертеңгісін	[erteŋ erteŋgisin]
esta tarde	бүгін күндіз	[bʉgin kʉndiz]
à tarde	түстен кейін	[tʉsten kejin]
amanhã à tarde	ертең түстен кейін	[erteŋ tʉsten kejin]
esta noite, hoje à noite	бүгін кешке	[bʉgin keʃke]
amanhã à noite	ертең кешке	[erteŋ keʃke]
às três horas em ponto	сағат дәл үште	[saɣat dæl ʉʃte]
por volta das quatro	сағат төртке қарай	[saɣat tørtke qaraj]
às doze	сағат он екіге қарай	[saɣat on ekige qaraj]
em vinte minutos	жиырма минуттан соң	[ʒɨɨrma mɪnuttan soŋ]
em uma hora	бір сағаттан соң	[bir saɣattan soŋ]
a tempo	дәл кезінде	[dæl kezinde]
... um quarto para	он бес минутсыз	[on bes mɪnutsiz]
dentro de uma hora	сағат бойында	[saɣat bojɨnda]
a cada quinze minutos	әр он бес минут сайын	[ær on bes mɪnut sajin]
as vinte e quatro horas	тәулік бойы	[tæulik bojɨ]

21. Meses. Estações

janeiro (m)	қаңтар	[qaŋtar]
fevereiro (m)	ақпан	[aqpan]
março (m)	наурыз	[nauriz]
abril (m)	сәуір	[sæwir]
maio (m)	мамыр	[mamɨr]
junho (m)	маусым	[mausɨm]
julho (m)	шілде	[ʃilde]
agosto (m)	тамыз	[tamɨz]
setembro (m)	қыркүйек	[qɨrkʉjek]
outubro (m)	қазан	[qazan]

novembro (m)	қараша	[qaraʃa]
dezembro (m)	желтоқсан	[ʒeltoqsan]
primavera (f)	көктем	[køktem]
na primavera	көктемде	[køktemde]
primaveril (adj)	көктемгі	[køktemgi]
verão (m)	жаз	[ʒaz]
no verão	жазда	[ʒazda]
de verão	жазғы	[ʒazɣɪ]
outono (m)	күз	[kʉz]
no outono	күзде	[kʉzde]
outonal (adj)	күздік	[kʉzdik]
inverno (m)	қыс	[qɪs]
no inverno	қыста	[qɪsta]
de inverno	қысқы	[qɪsqɪ]
mês (m)	ай	[aj]
este mês	осы айда	[osɪ ajda]
mês que vem	келесі айда	[kelesi ajda]
no mês passado	өткен айда	[øtken ajda]
um mês atrás	бір ай кері	[bir aj keri]
em um mês	бір айдан кейін	[bir ajdan kejin]
em dois meses	екі айдан кейін	[eki ajdan kejin]
todo o mês	ай бойы	[aj bojɪ]
um mês inteiro	ай бойы	[aj bojɪ]
mensal (adj)	ай сайынғы	[aj sajɪnɣɪ]
mensalmente	ай сайын	[aj sajɪn]
todo mês	әр айда	[ær ajda]
duas vezes por mês	айда екі рет	[ajda eki ret]
ano (m)	жыл	[ʒɪl]
este ano	биылғы	[bɪɪlɣɪ]
ano que vem	келесі жылы	[kelesi ʒɪlɪ]
no ano passado	өткен жылы	[øtken ʒɪlɪ]
há um ano	алдынғы жылы	[aldɪnɣɪ ʒɪlɪ]
em um ano	бір жылдан кейін	[bir ʒɪldan kejin]
dentro de dois anos	екі жылдан кейін	[eki ʒɪldan kejin]
todo o ano	жыл бойы	[ʒɪl bojɪ]
um ano inteiro	жыл бойы	[ʒɪl bojɪ]
cada ano	әр жыл сайын	[ær ʒɪl sajɪn]
anual (adj)	жыл сайынғы	[ʒɪl sajɪnɣɪ]
anualmente	жыл сайын	[ʒɪl sajɪn]
quatro vezes por ano	жылына төрт рет	[ʒɪlɪna tørt ret]
data (~ de hoje)	сан	[san]
data (ex. ~ de nascimento)	дата	[data]
calendário (m)	күнтізбе	[kʉntizbe]
meio ano	жарты жыл	[ʒartɪ ʒɪl]
seis meses	жарты жылдық	[ʒartɪ ʒɪldɪq]

| estação (f) | маусым | [mausim] |
| século (m) | ғасыр | [ɣasir] |

22. Unidades de medida

peso (m)	салмақ	[salmaq]
comprimento (m)	ұзындық	[uzindiq]
largura (f)	ен	[en]
altura (f)	биіктік	[bıiktik]
profundidade (f)	тереңдік	[tereŋdik]
volume (m)	көлем	[kølem]
área (f)	аумақ	[aumaq]

grama (m)	грамм	[gramm]
miligrama (m)	миллиграм	[mıllıgram]
quilograma (m)	килограмм	[kılogramm]
tonelada (f)	тонна	[tona]
libra (453,6 gramas)	қадақ	[qadaq]
onça (f)	унция	[untsıja]

metro (m)	метр	[metr]
milímetro (m)	миллиметр	[mıllımetr]
centímetro (m)	сантиметр	[santımetr]
quilômetro (m)	километр	[kılometr]
milha (f)	миля	[mılja]

polegada (f)	дюйм	[djujm]
pé (304,74 mm)	фут	[fut]
jarda (914,383 mm)	ярд	[jard]

| metro (m) quadrado | шаршы метр | [ʃarʃi metr] |
| hectare (m) | гектар | [gektar] |

litro (m)	литр	[lıtr]
grau (m)	градус	[gradus]
volt (m)	вольт	[volʲt]
ampère (m)	ампер	[amper]
cavalo (m) de potência	ат күші	[at kuʃi]

quantidade (f)	мөлшері	[mølʃæri]
um pouco de …	аздап …	[azdap]
metade (f)	жарты	[ʒarti]

| dúzia (f) | дожна | [doʒna] |
| peça (f) | дана | [dana] |

| tamanho (m), dimensão (f) | көлем | [kølem] |
| escala (f) | масштаб | [masʃtab] |

mínimo (adj)	ең азы	[eŋ azi]
menor, mais pequeno	ең кіші	[eŋ kiʃi]
médio (adj)	орташа	[ortaʃa]
máximo (adj)	барынша көп	[barinʃa køp]
maior, mais grande	ең үлкен	[eŋ ulken]

23. Recipientes

pote (m) de vidro	банкі	[banki]
lata (~ de cerveja)	банкі	[banki]
balde (m)	шелек	[ʃælek]
barril (m)	бөшке	[bøʃke]

bacia (~ de plástico)	леген	[legen]
tanque (m)	бак	[bak]
cantil (m) de bolso	құты	[quti]
galão (m) de gasolina	канистр	[kanıstr]
cisterna (f)	цистерна	[tsısterna]

caneca (f)	сапты аяқ	[saptı ajaq]
xícara (f)	шыны аяқ	[ʃinı ajaq]
pires (m)	табақша	[tabaqʃa]
copo (m)	стақан	[staqan]
taça (f) de vinho	бокал	[bokal]
panela (f)	кастрөл	[kastrøl]

garrafa (f)	шөлмек	[ʃølmek]
gargalo (m)	ауыз	[awiz]

jarra (f)	графин	[grafın]
jarro (m)	көзе	[køze]
recipiente (m)	ыдыс	[idis]
pote (m)	құмыра	[qumira]
vaso (m)	ваза	[vaza]

frasco (~ de perfume)	шиша	[ʃiʃa]
frasquinho (m)	құты	[quti]
tubo (m)	сықпалы сауыт	[siqpalı sawit]

saco (ex. ~ de açúcar)	қап	[qap]
sacola (~ plastica)	пакет	[paket]
maço (de cigarros, etc.)	десте	[deste]

caixa (~ de sapatos, etc.)	қорап	[qorap]
caixote (~ de madeira)	жәшік	[ʒæʃik]
cesto (m)	кәрзеңке	[kærziŋke]

O SER HUMANO

O ser humano. O corpo

24. Cabeça

cabeça (f)	бас	[bas]
rosto, cara (f)	бет	[bet]
nariz (m)	мұрын	[mʊrin]
boca (f)	ауыз	[awɨz]
olho (m)	көз	[køz]
olhos (m pl)	көз	[køz]
pupila (f)	қарашық	[qaraʃiq]
sobrancelha (f)	қас	[qas]
cílio (f)	кірпік	[kirpik]
pálpebra (f)	қабақ	[qabaq]
língua (f)	тіл	[til]
dente (m)	тіс	[tis]
lábios (m pl)	ерін	[erin]
maçãs (f pl) do rosto	бет сүйегі	[bet sʉegi]
gengiva (f)	қызыл иек	[qizil ɪek]
palato (m)	таңдай	[taŋdaj]
narinas (f pl)	танауы	[tanawɨ]
queixo (m)	иек	[ɪek]
mandíbula (f)	жақ	[ʒaq]
bochecha (f)	ұрт	[ʊrt]
testa (f)	маңдай	[maŋdaj]
têmpora (f)	самай	[samaj]
orelha (f)	құлақ	[qʊlaq]
costas (f pl) da cabeça	желке	[ʒelke]
pescoço (m)	мойын	[mojin]
garganta (f)	тамақ	[tamaq]
cabelo (m)	шаш	[ʃaʃ]
penteado (m)	сәнденген шаш	[sændengen ʃaʃ]
corte (m) de cabelo	сәндеп қиылған шаш	[sændep qiilɣan ʃaʃ]
peruca (f)	жасанды шаш	[ʒasandɨ ʃaʃ]
bigode (m)	мұрт	[mʊrt]
barba (f)	сақал	[saqal]
ter (~ barba, etc.)	өсіру	[øsiru]
trança (f)	бұрым	[bʊrim]
suíças (f pl)	жақ сақал	[ʒaq saqal]
ruivo (adj)	жирен	[ʒɪren]
grisalho (adj)	ақ шашты	[aq ʃaʃti]

| careca (adj) | тақыр | [taqir] |
| calva (f) | бастың қасқасы | [bastiŋ qasqasi] |

| rabo-de-cavalo (m) | қуйыршық | [qujirʃiq] |
| franja (f) | кекіл | [kekil] |

25. Corpo humano

| mão (f) | шашақ | [ʃaʃaq] |
| braço (m) | қол | [qol] |

dedo (m)	саусақ	[sausaq]
polegar (m)	бас бармақ	[bas barmaq]
dedo (m) mindinho	шынашақ	[ʃinaʃaq]
unha (f)	тырнақ	[tirnaq]

punho (m)	жұдырық	[ʒudiriq]
palma (f)	алақан	[alaqan]
pulso (m)	білезік сүйектері	[bilezik sujekteri]
antebraço (m)	білек сүйектері	[bilek sujekteri]
cotovelo (m)	шынтақ	[ʃintaq]
ombro (m)	иық	[ıiq]

perna (f)	аяқ	[ajaq]
pé (m)	табан	[taban]
joelho (m)	тізе	[tize]
panturrilha (f)	балтыр	[baltir]
quadril (m)	жая	[ʒaja]
calcanhar (m)	тақа	[taqa]

corpo (m)	дене	[dene]
barriga (f), ventre (m)	қарын	[qarin]
peito (m)	кеуде	[keude]
seio (m)	емшек	[emʃæk]
lado (m)	бүйір	[bujir]
costas (dorso)	арқа	[arqa]
região (f) lombar	белдеме	[beldeme]
cintura (f)	бел	[bel]

umbigo (m)	кіндік	[kindik]
nádegas (f pl)	бөксе	[bøkse]
traseiro (m)	бөксе	[bøkse]

sinal (m), pinta (f)	қал	[qal]
tatuagem (f)	татуировка	[tatuırovka]
cicatriz (f)	тыртық	[tirtiq]

Vestuário & Acessórios

26. Roupa exterior. Casacos

roupa (f)	киім	[kıim]
roupa (f) exterior	сыртқы киім	[sırtqı kıim]
roupa (f) de inverno	қысқы киім	[qisqi kıim]
sobretudo (m)	шапан	[ʃapan]
casaco (m) de pele	тон	[ton]
jaqueta (f) de pele	қысқа тон	[qisqa ton]
casaco (m) acolchoado	тұлып тон	[tulip ton]
casaco (m), jaqueta (f)	куртка	[kurtka]
impermeável (m)	жадағай	[ʒadaɣaj]
a prova d'água	су өтпейтін	[su øtpejtin]

27. Vestuário de homem & mulher

camisa (f)	көйлек	[køjlek]
calça (f)	шалбар	[ʃalbar]
jeans (m)	джинсы	[dʒınsi]
paletó, terno (m)	пиджак	[pıdʒak]
terno (m)	костюм	[kostjum]
vestido (ex. ~ de noiva)	көйлек	[køjlek]
saia (f)	белдемше	[beldemʃæ]
blusa (f)	блузка	[bluzka]
casaco (m) de malha	кеудеше	[keudeʃæ]
camiseta (f)	футболка	[futbolka]
short (m)	дамбал	[dambal]
training (m)	спорттық костюм	[sporttiq kostjum]
roupão (m) de banho	шапан	[ʃapan]
pijama (m)	түнгі жейде	[tungi ʒejde]
suéter (m)	свитер	[svıter]
pulôver (m)	пуловер	[pulover]
colete (m)	желетке	[ʒeletke]
fraque (m)	фрак	[frak]
smoking (m)	смокинг	[smokıng]
uniforme (m)	бірыңғай формалы киімдер	[birıŋɣaj formali kiimder]
roupa (f) de trabalho	жұмыс киімі	[ʒumis kıimi]
macacão (m)	комбинезон	[kombınezon]
jaleco (m), bata (f)	шапан	[ʃapan]

28. Vestuário. Roupa interior

roupa (f) íntima	іш киім	[iʃ kıim]
camiseta (f)	ішкөйлек	[iʃkøjlek]
meias (f pl)	шұлық	[ʃuliq]
camisola (f)	түнгі көйлек	[tɵngi køjlek]
sutiã (m)	кеудеше	[keudeʃæ]
meias longas (f pl)	гольф	[golʲf]
meias-calças (f pl)	шұлықдамбал	[ʃuliqdambal]
meias (~ de nylon)	шұлық	[ʃuliq]
maiô (m)	шомылу костюмі	[ʃomilu kostjumi]

29. Adereços de cabeça

chapéu (m), touca (f)	телпек	[telpek]
chapéu (m) de feltro	қалпақ	[qalpaq]
boné (m) de beisebol	бейсболка	[bejsbolka]
boina (~ italiana)	кепеш	[kepeʃ]
boina (ex. ~ basca)	берет	[beret]
capuz (m)	капюшон	[kapjuʃon]
chapéu panamá (m)	панама	[panama]
touca (f)	тоқыма телпек	[toqima telpek]
lenço (m)	орамал	[oramal]
chapéu (m) feminino	қалпақша	[qalpaqʃa]
capacete (m) de proteção	каска	[kaska]
bibico (m)	пилотка	[pılotka]
capacete (m)	дулыға	[duliɣa]
chapéu-coco (m)	котелок	[kotelok]
cartola (f)	цилиндр	[ʦılındr]

30. Calçado

calçado (m)	аяқ киім	[ajaq kıim]
botinas (f pl), sapatos (m pl)	бәтеңке	[bæteŋke]
sapatos (de salto alto, etc.)	туфли	[tuflı]
botas (f pl)	етік	[etik]
pantufas (f pl)	тәпішке	[tæpiʃke]
tênis (~ Nike, etc.)	кроссовкалар	[krossovkalar]
tênis (~ Converse)	кеды	[kedi]
sandálias (f pl)	сандал	[sandal]
sapateiro (m)	аяқ киім жамаушы	[ajaq kıim ʒamauʃi]
salto (m)	тақа	[taqa]
par (m)	қос	[qos]
cadarço (m)	бау	[bau]

amarrar os cadarços	байлау	[bajlau]
calçadeira (f)	аяқ киімге қасық	[ajaq kıimɣe qasiq]
graxa (f) para calçado	аяқ киімге жағатын кірем	[ajaq kıimɣe ʒaɣatin kirem]

31. Acessórios pessoais

luva (f)	биялай	[bıjalaj]
mitenes (f pl)	қолғап	[qolɣap]
cachecol (m)	шарф	[ʃarf]

óculos (m pl)	көзілдірік	[køzildirik]
armação (f)	жиектеме	[ʒıekteme]
guarda-chuva (m)	қол шатыр	[qol ʃatir]
bengala (f)	таяқ	[tajaq]
escova (f) para o cabelo	тарақ	[taraq]
leque (m)	желпігіш	[ʒelpigiʃ]

gravata (f)	галстук	[galstuk]
gravata-borboleta (f)	галстук-көбелек	[galstuk købelek]
suspensórios (m pl)	аспа	[aspa]
lenço (m)	қол орамал	[qol oramal]

pente (m)	тарақ	[taraq]
fivela (f) para cabelo	шаш қыстырғыш	[ʃaʃ qistirɣiʃ]
grampo (m)	шаш түйрегіш	[ʃaʃ tujregiʃ]
fivela (f)	айылбас	[ajilbas]

| cinto (m) | белдік | [beldik] |
| alça (f) de ombro | белдік | [beldik] |

bolsa (f)	сөмке	[sømke]
bolsa (feminina)	әйел сөмкесі	[æjel sømkesi]
mochila (f)	жолдорба	[ʒoldorba]

32. Vestuário. Diversos

moda (f)	сән	[sæn]
na moda (adj)	сәнді	[sændi]
estilista (m)	үлгіші	[ʉlgiʃi]

colarinho (m)	жаға	[ʒaɣa]
bolso (m)	қалта	[qalta]
de bolso	қалта	[qalta]
manga (f)	жең	[ʒeŋ]
ganchinho (m)	ілгіш	[ilgiʃ]
bragueta (f)	ілгек	[ilgek]

zíper (m)	ілгек	[ilgek]
colchete (m)	ілгек	[ilgek]
botão (m)	түйме	[tujme]
botoeira (casa de botão)	желкелік	[ʒelkelik]

soltar-se (vr)	түймені үзіп алу	[tɥjmeni ɯzip alu]
costurar (vi)	тігу	[tigu]
bordar (vt)	кесте тігу	[keste tigu]
bordado (m)	кесте	[keste]
agulha (f)	ине	[ɪne]
fio, linha (f)	жіп	[ʒip]
costura (f)	тігіс	[tigis]

sujar-se (vr)	былғану	[bɪlɣanu]
mancha (f)	дақ	[daq]
amarrotar-se (vr)	қырыстанып қалу	[qiristanip qalu]
rasgar (vt)	жырту	[ʒɪrtu]
traça (f)	күйе	[kɥje]

33. Cuidados pessoais. Cosméticos

pasta (f) de dente	тіс пастасы	[tis pastasi]
escova (f) de dente	мәсуек	[mæsuek]
escovar os dentes	тіс тазалау	[tis tazalau]

gilete (f)	ұстара	[ʊstara]
creme (m) de barbear	қырынуға арналған крем	[qirinuɣa arnalɣan krem]
barbear-se (vr)	қырыну	[qirinu]

sabonete (m)	сабын	[sabin]
xampu (m)	сусабын	[susabin]

tesoura (f)	қайшы	[qajʃi]
lixa (f) de unhas	тырнақ егеуіш	[tirnaq egewiʃ]
corta-unhas (m)	тістеуік	[tistewik]
pinça (f)	іскек	[iskek]

cosméticos (m pl)	косметика	[kosmetika]
máscara (f)	маска	[maska]
manicure (f)	маникюр	[manɪkjur]
fazer as unhas	маникюр жасау	[manɪkjur ʒasau]
pedicure (f)	педикюр	[pedɪkjur]

bolsa (f) de maquiagem	бояулар салатын сомке	[bojaular salatin somke]
pó (de arroz)	опа	[opa]
pó (m) compacto	опа сауыт	[opa sawit]
blush (m)	еңлік	[eŋlik]

perfume (m)	иіс су	[iis su]
água-de-colônia (f)	иіссу	[iissu]
loção (f)	лосьон	[losʲon]
colônia (f)	әтір	[ætir]

sombra (f) de olhos	қабақ бояуы	[qabaq bojawi]
delineador (m)	көзге арналған қарындаш	[køzge arnalɣan qarindaʃ]
máscara (f), rímel (m)	кірпік сүрмесі	[kirpik sɥrmesi]

batom (m)	ерін далабы	[erin dalabi]
esmalte (m)	тырнақ арналған лак	[tirnaq arnalɣan lak]

laquê (m), spray fixador (m)	шашқа арналған лак	[ʃaʃqa arnalɣan lak]
desodorante (m)	дезодорант	[dezodorant]
creme (m)	иісмай	[ɯismaj]
creme (m) de rosto	бетке арналған крем	[betke arnalɣan krem]
creme (m) de mãos	қолға арналған крем	[qolɣa arnalɣan krem]
creme (m) antirrugas	әжімге қарсы кремі	[æʒimge qarsɯ kremi]
de dia	күндізгі иісмай	[kɯndizgi ɯismaj]
da noite	түнгі иісмай	[tɯngi ɯismaj]
absorvente (m) interno	тықпа	[tɯqpa]
papel (m) higiênico	дәрет қағазы	[dæret qaɣazɯ]
secador (m) de cabelo	шаш кептіргіш	[ʃaʃ keptirgiʃ]

34. Relógios de pulso. Relógios

relógio (m) de pulso	сағат	[saɣat]
mostrador (m)	циферблат	[tsɯferblat]
ponteiro (m)	тіл	[til]
bracelete (em aço)	білезік	[bilezik]
bracelete (em couro)	таспа	[taspa]
pilha (f)	батарейка	[batarejka]
acabar (vi)	батарейка отырып қалды	[batarejka otirip qaldɯ]
trocar a pilha	батарейканы ауыстыру	[batarejkanɯ awistiru]
estar adiantado	асығу	[asɯɣu]
estar atrasado	кейіндеу	[kejindeu]
relógio (m) de parede	қабырға сағат	[qabɯrɣa saɣat]
ampulheta (f)	құм сағат	[qum saɣat]
relógio (m) de sol	күн сағаты	[kɯn saɣati]
despertador (m)	оятар	[ojatar]
relojoeiro (m)	сағатшы	[saɣatʃɯ]
reparar (vt)	жөндеу	[ʒøndeu]

Alimentação. Nutrição

35. Comida

carne (f)	ет	[et]
galinha (f)	тауық	[tawiq]
frango (m)	балапан	[balapan]
pato (m)	үйрек	[üjrek]
ganso (m)	қаз	[qaz]
caça (f)	құс	[qus]
peru (m)	түйетауық	[tüjetawiq]
carne (f) de porco	шошқа еті	[ʃoʃqa eti]
carne (f) de vitela	бұзау еті	[buzau eti]
carne (f) de carneiro	қой еті	[qoj eti]
carne (f) de vaca	сиыр еті	[sɯir eti]
carne (f) de coelho	қоян еті	[qojan eti]
linguiça (f), salsichão (m)	шұжық	[ʃuʒiq]
salsicha (f)	сосиска	[sosɯska]
bacon (m)	бекон	[bekon]
presunto (m)	ветчина	[vetʃɪna]
pernil (m) de porco	сан ет	[san et]
patê (m)	бұқтырлған ет	[buqtɪrlɣan et]
fígado (m)	бауыр	[bawir]
guisado (m)	турама	[turama]
língua (f)	тіл	[til]
ovo (m)	жұмыртқа	[ʒumɪrtqa]
ovos (m pl)	жұмыртқалар	[ʒumɪrtqalar]
clara (f) de ovo	ақуыз	[aquiz]
gema (f) de ovo	сарыуыз	[sariwiz]
peixe (m)	балық	[baliq]
mariscos (m pl)	теңіз азығы	[teŋiz aziɣi]
crustáceos (m pl)	шаян тәрізділер	[ʃajan tærizdiler]
caviar (m)	уылдырық	[wildiriq]
caranguejo (m)	таңқышаян	[taŋqiʃajan]
camarão (m)	асшаян	[asʃajan]
ostra (f)	устрица	[ustrɪtsa]
lagosta (f)	лангуст	[langust]
polvo (m)	сегізаяқ	[segizajaq]
lula (f)	кальмар	[kalʲmar]
esturjão (m)	бекіре еті	[bekire eti]
salmão (m)	арқан балық	[arqan baliq]
halibute (m)	палтус	[paltus]
bacalhau (m)	нәлім	[nælim]

cavala, sarda (f)	скумбрия	[skumbrɪja]
atum (m)	тунец	[tunets]
enguia (f)	жыланбалық	[ʒilanbalɩq]
truta (f)	бахтах	[bahtah]
sardinha (f)	сардина	[sardɪna]
lúcio (m)	шортан	[ʃortan]
arenque (m)	майшабақ	[majʃabaq]
pão (m)	нан	[nan]
queijo (m)	ірімшік	[irimʃik]
açúcar (m)	қант	[qant]
sal (m)	тұз	[tʊz]
arroz (m)	күріш	[kʉriʃ]
massas (f pl)	түтік кеспе	[tʉtik kespe]
talharim, miojo (m)	кеспе	[kespe]
manteiga (f)	сарымай	[sarɩmaj]
óleo (m) vegetal	өсімдік майы	[øsimdik majɩ]
óleo (m) de girassol	күнбағыс майы	[kunbaɣɩs majɩ]
margarina (f)	маргарин	[margarɩn]
azeitonas (f pl)	зәйтүн	[zæjtʉn]
azeite (m)	зәйтүн майы	[zæjtʉn majɩ]
leite (m)	сүт	[sʉt]
leite (m) condensado	қоюлатқан сүт	[qojulatqan sʉt]
iogurte (m)	йогурт	[jogurt]
creme (m) azedo	қаймақ	[qajmaq]
creme (m) de leite	кілегей	[kilegej]
maionese (f)	майонез	[majonez]
creme (m)	крем	[krem]
grãos (m pl) de cereais	жарма	[ʒarma]
farinha (f)	ұн	[ʊn]
enlatados (m pl)	консервілер	[konserviler]
flocos (m pl) de milho	жүгері жапалақтары	[ʒʉgeri ʒapalaqtarɩ]
mel (m)	бал	[bal]
geleia (m)	джем	[dʒem]
chiclete (m)	сағыз	[saɣɩz]

36. Bebidas

água (f)	су	[su]
água (f) potável	ішетін су	[iʃætin su]
água (f) mineral	минералды су	[mɩneraldɩ su]
sem gás (adj)	газсыз	[gazsɩz]
gaseificada (adj)	газдалған	[gazdalɣan]
com gás	газдалған	[gazdalɣan]
gelo (m)	мұз	[mʊz]

com gelo	мұзбен	[muzben]
não alcoólico (adj)	алкогольсыз	[alkogolʲsiz]
refrigerante (m)	алкогольсыз сусын	[alkogolʲsiz susin]
refresco (m)	салқындататын сусын	[salqindatatin susin]
limonada (f)	лимонад	[lɪmonad]

bebidas (f pl) alcoólicas	алкогольды ішімдіктер	[alkogolʲdɨ iʃimdikter]
vinho (m)	шарап	[ʃarap]
vinho (m) branco	ақшарап	[aqʃarap]
vinho (m) tinto	қызыл шарап	[qɨzɨl ʃarap]

licor (m)	ликер	[lɪker]
champanhe (m)	аққайнар	[aqqajnar]
vermute (m)	вермут	[vermut]

uísque (m)	виски	[vɪskɪ]
vodca (f)	арақ	[araq]
gim (m)	жын	[ʒɨn]
conhaque (m)	коньяк	[konʲak]
rum (m)	ром	[rom]

café (m)	кофе	[kofe]
café (m) preto	қара кофе	[qara kofe]
café (m) com leite	кофе сүтпен	[kofe sutpen]
cappuccino (m)	кофе кілегеймен	[kofe kilegejmen]
café (m) solúvel	ерігіш кофе	[erigiʃ kofe]

leite (m)	сүт	[sut]
coquetel (m)	коктейль	[koktejlʲ]
batida (f), milkshake (m)	сүт коктейлі	[sut koktejli]

suco (m)	шырын	[ʃirin]
suco (m) de tomate	қызанақ шырыны	[qizanaq ʃirini]
suco (m) de laranja	апельсин шырыны	[apelʲsin ʃirini]
suco (m) fresco	жаңа сығылған шырын	[ʒaŋa siɣilɣan ʃirin]

cerveja (f)	сыра	[sira]
cerveja (f) clara	ақшыл сыра	[aqʃɨl sira]
cerveja (f) preta	қараңғы сырасы	[qaraŋɣɨ sirasi]

chá (m)	шай	[ʃaj]
chá (m) preto	қара шай	[qara ʃaj]
chá (m) verde	көк шай	[køk ʃaj]

37. Vegetais

vegetais (m pl)	көкөністер	[køkønister]
verdura (f)	көкөніс	[køkønis]

tomate (m)	қызанақ	[qizanaq]
pepino (m)	қияр	[qɪjar]
cenoura (f)	сәбіз	[sæbiz]
batata (f)	картоп	[kartop]
cebola (f)	пияз	[pɪjaz]

alho (m)	сарымсақ	[sarimsaq]
couve (f)	қырыққабат	[qiriqqabat]
couve-flor (f)	түсті орамжапырақ	[tusti oramʒapiraq]
couve-de-bruxelas (f)	брюсель орамжапырағы	[brjuselʲ oramʒapiraɣi]
brócolis (m pl)	брокколи орамжапырағы	[brokkolɪ oramʒapiraɣi]

beterraba (f)	қызылша	[qizilʃa]
berinjela (f)	кәді	[kædi]
abobrinha (f)	кәдіш	[kædiʃ]
abóbora (f)	асқабақ	[asqabaq]
nabo (m)	шалқан	[ʃalqan]

salsa (f)	ақжелкен	[aqʒelken]
endro, aneto (m)	аскөк	[askøk]
alface (f)	салат	[salat]
aipo (m)	балдыркөк	[baldirkøk]
aspargo (m)	ақтық	[aqtiq]
espinafre (m)	саумалдық	[saumaldiq]

ervilha (f)	noқат	[noqat]
feijão (~ soja, etc.)	ірі бұршақтар	[iri burʃaqtar]
milho (m)	жүгері	[ʒugeri]
feijão (m) roxo	үрме бұршақ	[urme burʃaq]

pimentão (m)	бұрыш	[buriʃ]
rabanete (m)	шалғам	[ʃalɣam]
alcachofra (f)	бөрікгүл	[børikgul]

38. Frutos. Nozes

fruta (f)	жеміс	[ʒemis]
maçã (f)	алма	[alma]
pera (f)	алмұрт	[almurt]
limão (m)	лимон	[lɪmon]
laranja (f)	апельсин	[apelʲsɪn]
morango (m)	құлпынай	[qulpinaj]

tangerina (f)	мандарин	[mandarın]
ameixa (f)	алхоры	[alhori]
pêssego (m)	шабдалы	[ʃabdali]
damasco (m)	өрік	[ørik]
framboesa (f)	таңқурай	[taŋquraj]
abacaxi (m)	ананас	[ananas]

banana (f)	банан	[banan]
melancia (f)	қарбыз	[qarbiz]
uva (f)	жүзім	[ʒuzim]
ginja (f)	кәдімгі шие	[kædɪmgɪ ʃie]
cereja (f)	қызыл шие	[qizɪl ʃie]
melão (m)	қауын	[qawin]

toranja (f)	грейпфрут	[grejpfrut]
abacate (m)	авокадо	[avokado]
mamão (m)	папайя	[papaja]

| manga (f) | манго | [mango] |
| romã (f) | анар | [anar] |

groselha (f) vermelha	қызыл қарақат	[qizil qaraqat]
groselha (f) negra	қара қарақат	[qara qaraqat]
groselha (f) espinhosa	қарлыған	[qarliɣan]
mirtilo (m)	қара жидек	[qara ʒɪdek]
amora (f) silvestre	қожақат	[qoʒaqat]

passa (f)	мейіз	[mejiz]
figo (m)	інжір	[inʒir]
tâmara (f)	құрма	[qʊrma]

amendoim (m)	жержаңғақ	[ʒerʒaŋɣaq]
amêndoa (f)	бадам	[badam]
noz (f)	жаңғақ	[ʒaŋɣaq]
avelã (f)	ағаш жаңғағы	[aɣaʃ ʒaŋɣaɣɪ]
coco (m)	кокос жаңғақ	[kokos ʒaŋɣaq]
pistaches (m pl)	пісте	[piste]

39. Pão. Bolaria

pastelaria (f)	кондитер бұйымдары	[kondɪter bʊjimdari]
pão (m)	нан	[nan]
biscoito (m), bolacha (f)	печенье	[petʃenʲe]

chocolate (m)	шоколад	[ʃokolad]
de chocolate	шоколад	[ʃokolad]
bala (f)	кәмпит	[kæmpɪt]
doce (bolo pequeno)	тәтті тоқаш	[tætti toqaʃ]
bolo (m) de aniversário	торт	[tort]

| torta (f) | бәліш | [bæliʃ] |
| recheio (m) | салынды | [salɪndi] |

geleia (m)	қайнатпа	[qajnatpa]
marmelada (f)	мармелад	[marmelad]
wafers (m pl)	вафли	[vaflɪ]
sorvete (m)	балмұздақ	[balmʊzdaq]
pudim (m)	пудинг	[pudɪng]

40. Pratos cozinhados

prato (m)	тағам	[taɣam]
cozinha (~ portuguesa)	ұлттық тағамдар	[ulttiq taɣamdar]
receita (f)	рецепт	[retsept]
porção (f)	мөлшер	[mølʃær]

salada (f)	салат	[salat]
sopa (f)	көже	[køʒe]
caldo (m)	сорпа	[sorpa]
sanduíche (m)	бутерброд	[buterbrod]

ovos (m pl) fritos	қуырылған жұмыртқа	[quirilɣan ʒumirtqa]
hambúrguer (m)	гамбургер	[gamburger]
bife (m)	бифштекс	[bɪfʃteks]

acompanhamento (m)	гарнир	[garnır]
espaguete (m)	спагетти	[spagettɪ]
purê (m) de batata	картоп езбесі	[kartop ezbesi]
pizza (f)	пицца	[pɪtsa]
mingau (m)	ботқа	[botqa]
omelete (f)	омлет	[omlet]

fervido (adj)	пісірілген	[pisirilgen]
defumado (adj)	ысталған	[istalɣan]
frito (adj)	қуырылған	[quirilɣan]
seco (adj)	кептірілген	[keptirilgen]
congelado (adj)	мұздатылған	[muzdatɪlɣan]
em conserva (adj)	маринадталған	[marınadtalɣan]

doce (adj)	тәтті	[tætti]
salgado (adj)	тұзды	[tʊzdi]
frio (adj)	суық	[suiq]
quente (adj)	ыстық	[istiq]
amargo (adj)	ащы	[açi]
gostoso (adj)	дәмді	[dæmdi]

cozinhar em água fervente	пісіру	[pisiru]
preparar (vt)	әзірлеу	[æzirleu]
fritar (vt)	қуыру	[quiru]
aquecer (vt)	ысыту	[isitu]

salgar (vt)	тұздау	[tʊzdau]
apimentar (vt)	бұрыш салу	[buriʃ salu]
ralar (vt)	үйкеу	[ʉjkeu]
casca (f)	қабық	[qabiq]
descascar (vt)	аршу	[arʃu]

41. Especiarias

sal (m)	тұз	[tʊz]
salgado (adj)	тұзды	[tʊzdi]
salgar (vt)	тұздау	[tʊzdau]

pimenta-do-reino (f)	қара бұрыш	[qara buriʃ]
pimenta (f) vermelha	қызыл бұрыш	[qizil buriʃ]
mostarda (f)	қыша	[qiʃa]
raiz-forte (f)	түбіртамыр	[tʉbirtamir]

condimento (m)	дәмдеуіш	[dæmdewiʃ]
especiaria (f)	дәмдеуіш	[dæmdewiʃ]
molho (~ inglês)	тұздық	[tʊzdiq]
vinagre (m)	сірке суы	[sirke sui]

| anis estrelado (m) | анис | [anıs] |
| manjericão (m) | насыбайгүл | [nasibajgʉl] |

cravo (m)	қалампырғұл	[qalampirgʉl]
gengibre (m)	имбирь	[ımbırʲ]
coentro (m)	кориандр	[korıandr]
canela (f)	даршын	[darʃin]

gergelim (m)	күнжіт	[kʉnӡit]
folha (f) de louro	лавр жапырағы	[lavr ӡapiraɣi]
páprica (f)	паприка	[paprıka]
cominho (m)	зире	[zıre]
açafrão (m)	бәйшешек	[bæjʃeʃek]

42. Refeições

comida (f)	тамақ	[tamaq]
comer (vt)	жеу	[ӡeu]

café (m) da manhã	ертеңгілік тамақ	[erteŋgilik tamaq]
tomar café da manhã	ертеңгі тамақты ішу	[erteŋgi tamaqtɪ iʃu]
almoço (m)	түскі тамақ	[tʉski tamaq]
almoçar (vi)	түскі тамақ жеу	[tʉski tamaq ӡeu]
jantar (m)	кешкі тамақ	[keʃki tamaq]
jantar (vi)	кешкі тамақ ішу	[keʃki tamaq iʃu]

apetite (m)	тәбет	[tæbet]
Bom apetite!	Ас болсын!	[as bolsin]

abrir (~ uma lata, etc.)	аш	[aʃ]
derramar (~ líquido)	төгу	[tøgu]
derramar-se (vr)	төгілу	[tøgilu]

ferver (vi)	қайнау	[qajnau]
ferver (vt)	қайнату	[qajnatu]
fervido (adj)	қайнатылған	[qajnatɪłɣan]

esfriar (vt)	салқындату	[salqindatu]
esfriar-se (vr)	салқындау	[salqindau]

sabor, gosto (m)	талғам	[talɣam]
fim (m) de boca	татым	[tatim]

emagrecer (vi)	арықтау	[ariqtau]
dieta (f)	диета	[dıeta]
vitamina (f)	дәрумен	[dærumen]
caloria (f)	калория	[kalorıja]

vegetariano (m)	вегетариан	[vegetarıan]
vegetariano (adj)	вегетариандық	[vegetarıandiq]

gorduras (f pl)	майлар	[majlar]
proteínas (f pl)	ақуыз	[aquiz]
carboidratos (m pl)	көміртегі	[kømirtegi]
fatia (~ de limão, etc.)	тілім	[tilim]
pedaço (~ de bolo)	кесек	[kesek]
migalha (f), farelo (m)	үзім	[ʉzim]

43. Por a mesa

colher (f)	қасық	[qasiq]
faca (f)	пышақ	[piʃaq]
garfo (m)	шанышқы	[ʃaniʃqi]
xícara (f)	шыныаяқ	[ʃiniajaq]
prato (m)	тәрелке	[tærelke]
pires (m)	табақша	[tabaqʃa]
guardanapo (m)	майлық	[majliq]
palito (m)	тіс тазартқыш	[tis tazartqiʃ]

44. Restaurante

restaurante (m)	мейрамхана	[mejramhana]
cafeteria (f)	кофехана	[kofehana]
bar (m), cervejaria (f)	бар	[bar]
salão (m) de chá	шайхана	[ʃajhana]
garçom (m)	даяшы	[dajaʃi]
garçonete (f)	даяшы	[dajaʃi]
barman (m)	бармен	[barmen]
cardápio (m)	мәзір	[mæzir]
lista (f) de vinhos	шарап картасы	[ʃarap kartasi]
reservar uma mesa	бронды үстел	[brondi ustel]
prato (m)	тамақ	[tamaq]
pedir (vt)	тапсырыс беру	[tapsiris beru]
fazer o pedido	тапсырыс жасау	[tapsiris ʒasau]
aperitivo (m)	аперитив	[aperitiv]
entrada (f)	дәмтатым	[dæmtatim]
sobremesa (f)	десерт	[desert]
conta (f)	есеп	[esep]
pagar a conta	есеп бойынша төлеу	[esep bojinʃa tøleu]
dar o troco	төленгеннің артығын беру	[tølengeniŋ artiɣin beru]
gorjeta (f)	шайлық	[ʃajliq]

Família, parentes e amigos

45. Informação pessoal. Formulários

nome (m)	есім	[esim]
sobrenome (m)	тек	[tek]
data (f) de nascimento	туған күні	[tuɣan kʉni]
local (m) de nascimento	туған жері	[tuɣan ʒeri]

nacionalidade (f)	ұлт	[ʊlt]
lugar (m) de residência	тұратын мекені	[tʊratin mekeni]
país (m)	ел	[el]
profissão (f)	мамандық	[mamandiq]

sexo (m)	жыныс	[ʒinis]
estatura (f)	бой	[boj]
peso (m)	салмақ	[salmaq]

46. Membros da família. Parentes

mãe (f)	ана	[ana]
pai (m)	әке	[æke]
filho (m)	ұл	[ʊl]
filha (f)	қыз	[qiz]

caçula (f)	кіші қыз	[kiʃi qiz]
caçula (m)	кіші ұл	[kiʃi ʊl]
filha (f) mais velha	үлкен қыз	[ʉlken qiz]
filho (m) mais velho	үлкен ұл	[ʉlken ʊl]

irmão (m)	бауыр	[bawir]
irmão (m) mais velho	аға	[aɣa]
irmão (m) mais novo	іні	[ini]
irmã (f)	қарындас	[qarindas]
irmã (f) mais velha	апа	[apa]
irmã (f) mais nova	сіңлі	[siŋli]

primo (m)	немере аға	[nemere aɣa]
prima (f)	немере әпке	[nemere æpke]
mamãe (f)	апа	[apa]
papai (m)	әке	[æke]
pais (pl)	әке-шеше	[ækeʃeʃe]
criança (f)	бала	[bala]
crianças (f pl)	балалар	[balalar]

avó (f)	әже	[æʒe]
avô (m)	ата	[ata]
neto (m)	немере, жиен	[nemere], [ʒıen]

neta (f)	немере қыз, жиен қыз	[nemere qiz], [ʒıen qiz]
netos (pl)	немерелер	[nemereler]
tio (m)	аға	[aɣa]
tia (f)	тәте	[tæte]
sobrinho (m)	жиен, ини	[ʒıen], [ını]
sobrinha (f)	жиен	[ʒıen]
sogra (f)	ене	[ene]
sogro (m)	қайын ата	[qajin ata]
genro (m)	жездей	[ʒezdej]
madrasta (f)	өгей ана	[øgej ana]
padrasto (m)	өгей әке	[øgej æke]
criança (f) de colo	емшек баласы	[emʃæk balasi]
bebê (m)	бөбек	[bøbek]
menino (m)	бөбек	[bøbek]
mulher (f)	әйел	[æjel]
marido (m)	еркек	[erkek]
esposo (m)	күйеу	[kʉjeu]
esposa (f)	әйел	[æjel]
casado (adj)	үйленген	[ʉjlengen]
casada (adj)	күйеуге шыққан	[kʉjeuge ʃiqqan]
solteiro (adj)	бойдақ	[bojdaq]
solteirão (m)	бойдақ	[bojdaq]
divorciado (adj)	ажырасқан	[aʒirasqan]
viúva (f)	жесір әйел	[ʒesir æjel]
viúvo (m)	тұл ер адам	[tʊl er adam]
parente (m)	туысқан	[tuisqan]
parente (m) próximo	жақын туысқан	[ʒaqin tuisqan]
parente (m) distante	алыс ағайын	[alis aɣajin]
parentes (m pl)	туған-туысқандар	[tuɣan tuisqandar]
órfão (m), órfã (f)	жетім бала	[ʒetim bala]
tutor (m)	қамқоршы	[qamqorʃi]
adotar (um filho)	бала қылып алу	[bala qilip alu]
adotar (uma filha)	қыз етіп асырап алу	[qiz etip asirap alu]

Medicina

47. Doenças

doença (f)	науқас	[nauqas]
estar doente	науқастану	[nauqastanu]
saúde (f)	денсаулық	[densauliq]
nariz (m) escorrendo	тұмау	[tumau]
amigdalite (f)	ангина	[angına]
resfriado (m)	суық тию	[suiq tıju]
ficar resfriado	суық тигізіп алу	[suiq tıgizip alu]
bronquite (f)	бронхит	[bronhıt]
pneumonia (f)	өкпенің талаурауы	[økpeniŋ talaurawi]
gripe (f)	тұмау	[tumau]
míope (adj)	алыстан көрмейтін	[alıstan kørmejtin]
presbita (adj)	алыс көргіш	[alis kørgiʃ]
estrabismo (m)	шапыраш	[ʃapiraʃ]
estrábico, vesgo (adj)	шапыраш	[ʃapiraʃ]
catarata (f)	шел	[ʃæl]
glaucoma (m)	глаукома	[glaukoma]
AVC (m), apoplexia (f)	инсульт	[ınsulʲt]
ataque (m) cardíaco	инфаркт	[ınfarkt]
enfarte (m) do miocárdio	миокард инфарктісі	[mıokard ınfarktisi]
paralisia (f)	сал	[sal]
paralisar (vt)	сал болу	[sal bolu]
alergia (f)	аллергия	[allergıja]
asma (f)	демікпе	[demikpe]
diabetes (f)	диабет	[dıabet]
dor (f) de dente	тіс ауруы	[tis aurui]
cárie (f)	тістотық	[tistotiq]
diarreia (f)	іш ауру	[iʃ auru]
prisão (f) de ventre	іш қату	[iʃ qatu]
desarranjo (m) intestinal	асқазанның бұзылуы	[asqazaniŋ buzilui]
intoxicação (f) alimentar	улану	[ulanu]
intoxicar-se	улану	[ulanu]
artrite (f)	шорбуын	[ʃorbuin]
raquitismo (m)	итауру	[ıtauru]
reumatismo (m)	ревматизм	[revmatızm]
arteriosclerose (f)	умытшақтық	[umitʃaqtiq]
gastrite (f)	гастрит	[gastrıt]
apendicite (f)	аппендицит	[appendıtsıt]

| colecistite (f) | өт қабының қабынуы | [øt qabiniŋ qabinui] |
| úlcera (f) | ойық жара | [ojiq ʒara] |

sarampo (m)	қызылша	[qizilʃa]
rubéola (f)	қызамық	[qizamiq]
icterícia (f)	сарылық	[sariliq]
hepatite (f)	бауыр қабынуы	[bawir qabinui]

esquizofrenia (f)	шизофрения	[ʃizofrenija]
raiva (f)	құтырғандық	[qutirɣandiq]
neurose (f)	невроз	[nevroz]
contusão (f) cerebral	ми шақалауы	[mɪ ʃaqalawɨ]

câncer (m)	бейдауа	[bejdawa]
esclerose (f)	склероз	[skleroz]
esclerose (f) múltipla	ұмытшақ склероз	[ʊmitʃaq skleroz]

alcoolismo (m)	маскүнемдік	[maskʊnemdik]
alcoólico (m)	маскүнем	[maskʊnem]
sífilis (f)	сифилис	[sɪfɪlɪs]
AIDS (f)	ЖИТС	[ʒɪts]

tumor (m)	ісік	[isik]
febre (f)	безгек	[bezgek]
malária (f)	ұшық	[ʊʃiq]
gangrena (f)	гангрена	[gangrena]
enjoo (m)	теңіз ауруы	[teniz aurui]
epilepsia (f)	қояншық	[qojanʃiq]

epidemia (f)	жаппай ауру	[ʒappaj auru]
tifo (m)	кезік	[kezik]
tuberculose (f)	жегі	[ʒegi]
cólera (f)	тырысқақ	[tirisqaq]
peste (f) bubônica	мәлік	[mælik]

48. Sintomas. Tratamentos. Parte 1

sintoma (m)	белгі	[belgi]
temperatura (f)	дене қызымы	[dene qizimi]
febre (f)	ыстығы көтерілу	[istiɣi koterilu]
pulso (m)	тамыр соғуы	[tamir soɣui]

vertigem (f)	бас айналу	[bas ajnalu]
quente (testa, etc.)	ыстық	[istiq]
calafrio (m)	қалтырау	[qaltirau]
pálido (adj)	өңсіз	[øŋsiz]

tosse (f)	жөтел	[ʒøtel]
tossir (vi)	жөтелу	[ʒøtelu]
espirrar (vi)	түшкіру	[tuʃkiru]
desmaio (m)	талу	[talu]
desmaiar (vi)	талып қалу	[talip qalu]
mancha (f) preta	көгелген ет	[kogelgen et]
galo (m)	томпақ	[tompaq]

machucar-se (vr)	ұрыну	[urinu]
contusão (f)	жарақат	[ʒaraqat]
machucar-se (vr)	зақымдану	[zaqimdanu]

mancar (vi)	ақсаңдау	[aqsaŋdau]
deslocamento (f)	буынын шығару	[buinin ʃiɣaru]
deslocar (vt)	шығып кету	[ʃiɣip ketu]
fratura (f)	сыну	[sinu]
fraturar (vt)	сындырып алу	[sindirip alu]

corte (m)	жара	[ʒara]
cortar-se (vr)	кесу	[kesu]
hemorragia (f)	қан кету	[qan ketu]

queimadura (f)	күйген жер	[kujgen ʒer]
queimar-se (vr)	күю	[kuju]

picar (vt)	шаншу	[ʃanʃu]
picar-se (vr)	шаншылу	[ʃanʃilu]
lesionar (vt)	зақымдау	[zaqimdau]
lesão (m)	зақым	[zaqim]
ferida (f), ferimento (m)	жарақат	[ʒaraqat]
trauma (m)	жарақат	[ʒaraqat]

delirar (vi)	еліру	[eliru]
gaguejar (vi)	тұтығу	[tutiɣu]
insolação (f)	басынан күн өту	[basinan kun øtu]

49. Sintomas. Tratamentos. Parte 2

dor (f)	ауру	[auru]
farpa (no dedo, etc.)	тікен	[tiken]

suor (m)	тер	[ter]
suar (vi)	терлеу	[terleu]
vômito (m)	құсық	[qusiq]
convulsões (f pl)	түйілу	[tujilu]

grávida (adj)	жүкті	[ʒukti]
nascer (vi)	туу	[tuu]
parto (m)	босану	[bosanu]
dar à luz	босану	[bosanu]
aborto (m)	түсік	[tusik]

respiração (f)	дем	[dem]
inspiração (f)	дем тарту	[dem tartu]
expiração (f)	дем шығару	[dem ʃiɣaru]
expirar (vi)	дем шығару	[dem ʃiɣaru]
inspirar (vi)	дем тарту	[dem tartu]

inválido (m)	мүгедек	[mugedek]
aleijado (m)	мүгедек	[mugedek]
drogado (m)	нашақор	[naʃaqor]
surdo (adj)	саңырау	[saŋirau]

mudo (adj)	мылқау	[mɪlqau]
surdo-mudo (adj)	керең-мылқау	[kereŋ mɪlqau]
louco, insano (adj)	есуас	[esuas]
louco (m)	жынды	[ʒindi]
louca (f)	жынды	[ʒindi]
ficar louco	ақылдан айрылу	[aqildan ajrilu]
gene (m)	ген	[gen]
imunidade (f)	иммунитет	[ɪmmunɪtet]
hereditário (adj)	мұралық	[muraliq]
congênito (adj)	туа біткен ауру	[tua bitken auru]
vírus (m)	вирус	[vɪrus]
micróbio (m)	микроб	[mɪkrob]
bactéria (f)	бактерия	[bakterɪja]
infecção (f)	індет	[indet]

50. Sintomas. Tratamentos. Parte 3

hospital (m)	емхана	[emhana]
paciente (m)	емделуші	[emdeluʃi]
diagnóstico (m)	диагноз	[dɪagnoz]
cura (f)	емдеу	[emdeu]
tratamento (m) médico	емдеу	[emdeu]
curar-se (vr)	емделу	[emdelu]
tratar (vt)	емдеу	[emdeu]
cuidar (pessoa)	бағып-қағу	[baɣip qaɣu]
cuidado (m)	бағып-қағу	[baɣip qaɣu]
operação (f)	операция	[operatsɪja]
enfaixar (vt)	матау	[matau]
enfaixamento (m)	таңу	[taŋu]
vacinação (f)	екпе	[ekpe]
vacinar (vt)	егу	[egu]
injeção (f)	шаншу	[ʃanʃu]
dar uma injeção	шаншу	[ʃanʃu]
amputação (f)	ампутация	[amputatsɪja]
amputar (vt)	ампутациялау	[amputatsɪjalau]
coma (f)	кома	[koma]
estar em coma	комада болу	[komada bolu]
reanimação (f)	реанимация	[reanɪmatsɪja]
recuperar-se (vr)	жазыла бастау	[ʒazila bastau]
estado (~ de saúde)	хал	[hal]
consciência (perder a ~)	ақыл-ой	[aqil oj]
memória (f)	ес	[es]
tirar (vt)	жұлу	[ʒulu]
obturação (f)	пломба	[plomba]
obturar (vt)	пломба салу	[plomba salu]

| hipnose (f) | гипноз | [gɪpnoz] |
| hipnotizar (vt) | гипноздау | [gɪpnozdau] |

51. Médicos

médico (m)	дәрігер	[dæriger]
enfermeira (f)	медбике	[medbɪke]
médico (m) pessoal	жеке дәрігер	[ʒeke dæriger]

dentista (m)	тіс дәрігері	[tis dærigeri]
oculista (m)	көз дәрігері	[køz dærigeri]
terapeuta (m)	терапевт	[terapevt]
cirurgião (m)	хирург	[hɪrurg]

psiquiatra (m)	психиатр	[psɪhɪatr]
pediatra (m)	педиатр	[pedɪatr]
psicólogo (m)	психолог	[psɪholog]
ginecologista (m)	гинеколог	[gɪnekolog]
cardiologista (m)	кардиолог	[kardɪolog]

52. Medicina. Drogas. Acessórios

medicamento (m)	дәрі	[dæri]
remédio (m)	дауа	[dawa]
receitar (vt)	дәрі жазып беру	[dæri ʒazip beru]
receita (f)	рецепт	[retsept]

comprimido (m)	дәрі	[dæri]
unguento (m)	май	[maj]
ampola (f)	ампула	[ampula]
solução, preparado (m)	микстура	[mɪkstura]
xarope (m)	шәрбат	[ʃærbat]
cápsula (f)	домалақ дәрі	[domalaq dæri]
pó (m)	ұнтақ	[ʊntaq]

atadura (f)	бинт	[bɪnt]
algodão (m)	мақта	[maqta]
iodo (m)	йод	[jod]
curativo (m) adesivo	лейкопластырь	[lejkoplastirʲ]
conta-gotas (m)	тамызғыш	[tamizɣɪʃ]
termômetro (m)	градусник	[gradusnɪk]
seringa (f)	шприц	[ʃprɪts]

| cadeira (f) de rodas | мүгедек күймесі | [mʊgedek kʊjmesi] |
| muletas (f pl) | балдақтар | [baldaqtar] |

| analgésico (m) | ауыруды сездірмейтін дәрі | [awirudɪ sezdirmejtin dæri] |

laxante (m)	іш өткізгіш дәрі	[iʃ øtkizgiʃ dæri]
álcool (m)	спирт	[spɪrt]
ervas (f pl) medicinais	шөп	[ʃøp]
de ervas (chá ~)	шөпті	[ʃøpti]

HABITAT HUMANO

Cidade

53. Cidade. Vida na cidade

cidade (f)	қала	[qala]
capital (f)	астана	[astana]
aldeia (f)	ауыл	[awɨl]
mapa (m) da cidade	қаланың жоспары	[qalanɨŋ ʒospari]
centro (m) da cidade	қаланың орталығы	[qalanɨŋ ortalɨɣi]
subúrbio (m)	қала маңы	[qala maŋɨ]
suburbano (adj)	қала маңайы	[qala maŋajɨ]
periferia (f)	түкпір	[tʉkpir]
arredores (m pl)	айнала-төңірек	[ajnalatøŋirek]
quarteirão (m)	квартал	[kvartal]
quarteirão (m) residencial	тұрғын квартал	[tʊrɣin kvartal]
tráfego (m)	жүріс	[ʒʉris]
semáforo (m)	бағдаршам	[baɣdarʃam]
transporte (m) público	қала көлігі	[qala køligi]
cruzamento (m)	жол торабы	[ʒol torabɨ]
faixa (f)	өтпелі	[øtpeli]
túnel (m) subterrâneo	жерасты өтпе жолы	[ʒerastɨ øtpe ʒolɨ]
cruzar, atravessar (vt)	өту	[øtu]
pedestre (m)	жаяу	[ʒajau]
calçada (f)	жаяулар жүретін жол	[ʒajaular ʒʉretin ʒol]
ponte (f)	көпір	[køpir]
margem (f) do rio	жағалау	[ʒaɣalau]
alameda (f)	саяжол	[sajaʒol]
parque (m)	саябақ	[sajabaq]
bulevar (m)	бульвар	[bulʲvar]
praça (f)	алаң	[alaŋ]
avenida (f)	даңғыл	[daŋɣɨl]
rua (f)	көше	[køʃæ]
travessa (f)	тұйық көше	[tʊjɨq køʃæ]
beco (m) sem saída	тұйық	[tʊjɨq]
casa (f)	үй	[ʉj]
edifício, prédio (m)	ғимарат	[ɣɨmarat]
arranha-céu (m)	зеңгір үй	[zeŋgir ʉj]
fachada (f)	фасад	[fasad]
telhado (m)	шатыр	[ʃatir]

janela (f)	терезе	[tereze]
arco (m)	дарбаза	[darbaza]
coluna (f)	колонна	[kolona]
esquina (f)	бұрыш	[buriʃ]

vitrine (f)	көрме	[kørme]
letreiro (m)	маңдайша жазу	[maŋdajʃa ʒazu]
cartaz (do filme, etc.)	жарқағаз	[ʒarqaɣaz]
cartaz (m) publicitário	жарнамалық плакат	[ʒarnamaliq plakat]
painel (m) publicitário	жарнама қалқаны	[ʒarnama qalqani]

lixo (m)	қоқым-соқым	[qoqim soqim]
lata (f) de lixo	қоқыс салатын урна	[qoqis salatin urna]
jogar lixo na rua	қоқыту	[qoqitu]
aterro (m) sanitário	қоқыс тастайтын жер	[qoqis tastajtin ʒer]

orelhão (m)	телефон будкасі	[telefon budkasi]
poste (m) de luz	фонарь бағанасы	[fonarʲ baɣanasi]
banco (m)	орындық	[orindiq]

polícia (m)	полицей	[polıtsej]
polícia (instituição)	полиция	[polıtsija]
mendigo, pedinte (m)	қайыршы	[qajirʃi]
desabrigado (m)	үйсіз	[ʉjsiz]

54. Instituições urbanas

loja (f)	дүкен	[duken]
drogaria (f)	дәріхана	[dærihana]
ótica (f)	оптика	[optıka]
centro (m) comercial	сауда орталығы	[sauda ortaliɣi]
supermercado (m)	супермаркет	[supermarket]

padaria (f)	тоқаш сататын дүкен	[toqaʃ satatin duken]
padeiro (m)	наубайшы	[naubajʃi]
pastelaria (f)	кондитер	[kondıter]
mercearia (f)	бакалея	[bakaleja]
açougue (m)	ет дүкені	[et dukeni]

| fruteira (f) | көкөнісдүкені | [køkønisdukeni] |
| mercado (m) | нарық | [nariq] |

cafeteria (f)	кафе	[kafe]
restaurante (m)	мейрамхана	[mejramhana]
bar (m)	сырахана	[sirahana]
pizzaria (f)	пиццерия	[pıtserija]

salão (m) de cabeleireiro	шаштараз	[ʃaʃtaraz]
agência (f) dos correios	пошта	[poʃta]
lavanderia (f)	химиялық тазалау	[hımijaliq tazalau]
estúdio (m) fotográfico	фотосурет шеберханасы	[fotosuret ʃæberhanasi]

| sapataria (f) | аяқ киім дүкені | [ajaq kıim dukeni] |
| livraria (f) | кітап дүкені | [kitap dukeni] |

loja (f) de artigos esportivos	спорт дүкені	[sport dʉkeni]
costureira (m)	киім жөндеу	[kıim ʒөndeu]
aluguel (m) de roupa	киімді жалға беру	[kıimdi ʒalɣa beru]
videolocadora (f)	фильмді жалға беру	[fılʲmdi ʒalɣa beru]

circo (m)	цирк	[tsırk]
jardim (m) zoológico	айуанаттар паркі	[ajuanattar parki]
cinema (m)	кинотеатр	[kınoteatr]
museu (m)	музей	[muzej]
biblioteca (f)	кітапхана	[kitaphana]

teatro (m)	театр	[teatr]
ópera (f)	опера	[opera]
boate (casa noturna)	түнгі клуб	[tʉngi klub]
cassino (m)	казино	[kazıno]

mesquita (f)	мешіт	[meʃit]
sinagoga (f)	синагога	[sınagoga]
catedral (f)	кесене	[kesene]
templo (m)	ғибадатхана	[ɣıbadathana]
igreja (f)	шіркеу	[ʃirkeu]

faculdade (f)	институт	[ınstıtut]
universidade (f)	университет	[unıversıtet]
escola (f)	мектеп	[mektep]

prefeitura (f)	әкімшілік	[ækimʃilik]
câmara (f) municipal	әкімдік	[ækimdik]
hotel (m)	қонақ үй	[qonaq ʉj]
banco (m)	банк	[bank]

embaixada (f)	елшілік	[elʃilik]
agência (f) de viagens	туристік агенттік	[turıstik agenttik]
agência (f) de informações	анықтама бюросы	[aniqtama bjurosi]
casa (f) de câmbio	айырбас пункті	[ajirbas punkti]

| metrô (m) | метро | [metro] |
| hospital (m) | емхана | [emhana] |

| posto (m) de gasolina | жанармай | [ʒanarmaj] |
| parque (m) de estacionamento | тұрақ | [tʉraq] |

55. Sinais

letreiro (m)	маңдайша жазу	[maŋdajʃa ʒazu]
aviso (m)	жазба	[ʒazba]
cartaz, pôster (m)	плакат	[plakat]
placa (f) de direção	көрсеткіш	[kөrsetkiʃ]
seta (f)	тіл	[til]

aviso (advertência)	алдын-ала ескерту	[aldin ala eskertu]
sinal (m) de aviso	ескерту	[eskertu]
avisar, advertir (vt)	ескерту	[eskertu]
dia (m) de folga	демалыс күні	[demalis kʉni]

horário (~ dos trens, etc.)	кесте	[keste]
horário (m)	жұмыс сағаттары	[ʒumis saɣattari]
BEM-VINDOS!	ҚОШ КЕЛДІҢІЗДЕР!	[qoʃ keldiŋizder]
ENTRADA	КІРУ	[kiru]
SAÍDA	ШЫҒУ	[ʃiɣu]
EMPURRE	ИТЕРУ	[ıteru]
PUXE	ТАРТУ	[tartu]
ABERTO	АШЫҚ	[aʃiq]
FECHADO	ЖАБЫҚ	[ʒabiq]
MULHER	ӘЙЕЛДЕР	[æjelder]
HOMEM	ЕРКЕКТЕР	[ɛrkekter]
DESCONTOS	ЖЕҢІЛДІКТЕР	[ʒeŋildikter]
SALDOS, PROMOÇÃO	КӨТЕРЕ САТУ	[køtere satu]
NOVIDADE!	ЖАҢАЛЫҚ!	[ʒaŋaliq]
GRÁTIS	АҚЫСЫЗ	[aqisiz]
ATENÇÃO!	НАЗАР АУДАРЫҢЫЗ!	[nazar audariŋiz]
NÃO HÁ VAGAS	ОРЫН ЖОҚ	[orin ʒoq]
RESERVADO	БРОНЬДАЛҒАН	[bronidalɣan]
ADMINISTRAÇÃO	ӘКІМШІЛІК	[ækimʃilik]
SOMENTE PESSOAL	ТЕК ҚЫЗМЕТКЕРЛЕР	[tek qizmetkerler
AUTORIZADO	ҮШІН	uʃin]
CUIDADO CÃO FEROZ	ҚАБАҒАН ИТ	[qabaɣan ıt]
PROIBIDO FUMAR!	ТЕМЕКІ ШЕКПЕҢІЗ!	[temeki ʃækpeŋiz]
NÃO TOCAR	ҚОЛМЕН ҰСТАМАҢЫЗ!	[qolmen ustamaŋiz]
PERIGOSO	ҚАУІПТІ	[qawipti]
PERIGO	ҚАУІП-ҚАТЕР	[qawip qater]
ALTA TENSÃO	ЖОҒАРЫ КЕРНЕУ	[ʒoɣari kerneu]
PROIBIDO NADAR	ШОМЫЛУҒА ТЫЙЫМ	[ʃomiluɣa tijim
	САЛЫНАДЫ	salinadi]
COM DEFEITO	ІСТЕМЕЙДІ	[istemejdi]
INFLAMÁVEL	ӨРТЕНГІШ	[ørtengiʃ]
PROIBIDO	ТЫЙЫМ САЛЫНАДЫ	[tijim salinadi]
ENTRADA PROIBIDA	ӨТУГЕ ТЫЙЫМ	[øtuge tijim
	САЛЫНАДЫ	salinadi]
CUIDADO TINTA FRESCA	БОЯУЛЫ	[bojauli]

56. Transportes urbanos

ônibus (m)	автобус	[avtobus]
bonde (m) elétrico	трамвай	[tramvaj]
trólebus (m)	троллейбус	[trollejbus]
rota (f), itinerário (m)	бағдар	[baɣdar]
número (m)	нөмір	[nømir]
ir de ... (carro, etc.)	... бару	[baru]
entrar no ...	отыру	[otiru]

descer do ...	шығу	[ʃɨɣu]
parada (f)	аялдама	[ajaldama]
próxima parada (f)	келесі аялдама	[kelesi ajaldama]
terminal (m)	соңғы аялдама	[soŋɣɨ ajaldama]
horário (m)	кесте	[keste]
esperar (vt)	тосу	[tosu]

passagem (f)	билет	[bɨlet]
tarifa (f)	билеттің құны	[bɨlettiŋ qʊnɨ]

bilheteiro (m)	кассир	[kassɨr]
controle (m) de passagens	бақылау	[baqɨlau]
revisor (m)	бақылаушы	[baqɨlauʃɨ]

atrasar-se (vr)	кешігу	[keʃigu]
perder (o autocarro, etc.)	кешігу	[keʃigu]
estar com pressa	асығу	[asɨɣu]

táxi (m)	такси	[taksɨ]
taxista (m)	таксист	[taksɨst]
de táxi (ir ~)	таксимен	[taksɨmen]
ponto (m) de táxis	такси тұрағы	[taksɨ tʊraɣɨ]
chamar um táxi	такси жалдау	[taksɨ ʒaldau]
pegar um táxi	такси жалдау	[taksɨ ʒaldau]

tráfego (m)	көше қозғалысы	[køʃæ qozɣalɨsɨ]
engarrafamento (m)	тығын	[tɨɣɨn]
horas (f pl) de pico	қарбалас сағаттары	[qarbalas saɣattarɨ]
estacionar (vi)	көлікті қою	[kølikti qoju]
estacionar (vt)	көлікті қою	[kølikti qoju]
parque (m) de estacionamento	тұрақ	[tʊraq]

metrô (m)	метро	[metro]
estação (f)	бекет	[beket]
ir de metrô	метромен жүру	[metromen ʒʉru]
trem (m)	пойыз	[pojɨz]
estação (f) de trem	вокзал	[vokzal]

57. Turismo

monumento (m)	ескерткіш	[eskertkiʃ]
fortaleza (f)	қамал	[qamal]
palácio (m)	сарай	[saraj]
castelo (m)	сарай	[saraj]
torre (f)	мұнара	[mʊnara]
mausoléu (m)	мазар	[mazar]

arquitetura (f)	сәулет	[sæulet]
medieval (adj)	орта ғасырлы	[orta ɣasɨrlɨ]
antigo (adj)	ескі	[eski]
nacional (adj)	ұлттық	[ʊlttiq]
famoso, conhecido (adj)	атаулы	[ataulɨ]
turista (m)	турист	[turɨst]
guia (pessoa)	гид	[gɨd]

excursão (f)	экскурсия	[ɛkskursıja]
mostrar (vt)	көрсету	[kørsetu]
contar (vt)	әңгімелеу	[æŋgimeleu]

encontrar (vt)	табу	[tabu]
perder-se (vr)	жоғалу	[ʒoɣalu]
mapa (~ do metrô)	схема	[shema]
mapa (~ da cidade)	жоспар	[ʒospar]

lembrança (f), presente (m)	базарлық	[bazarlıq]
loja (f) de presentes	базарлық дукені	[bazarlıq dukeni]
tirar fotos, fotografar	суретке түсіру	[suretke tʉsiru]
fotografar-se (vr)	суретке түсу	[suretke tʉsu]

58. Compras

comprar (vt)	сатып алу	[satip alu]
compra (f)	сатып алынған зат	[satip alınɣan zat]
fazer compras	сауда жасау	[sauda ʒasau]
compras (f pl)	шоппинг	[ʃoppıng]

| estar aberta (loja) | жұмыс істеу | [ʒumis isteu] |
| estar fechada | жабылу | [ʒabɨlu] |

calçado (m)	аяқ киім	[ajaq kıim]
roupa (f)	киім	[kıim]
cosméticos (m pl)	косметика	[kosmetıka]
alimentos (m pl)	азық-түлік	[azıq tʉlik]
presente (m)	сыйлық	[sijlıq]

| vendedor (m) | сатушы | [satuʃi] |
| vendedora (f) | сатушы | [satuʃi] |

caixa (f)	касса	[kassa]
espelho (m)	айна	[ajna]
balcão (m)	сатушы сөресі	[satuʃi søresi]
provador (m)	киіну бөлмесі	[kıinu bølmesi]

provar (vt)	шақтап көру	[ʃaqtap køru]
servir (roupa, caber)	жарасу	[ʒarasu]
gostar (apreciar)	ұнау	[unau]

preço (m)	баға	[baɣa]
etiqueta (f) de preço	бағалық	[baɣalıq]
custar (vt)	тұру	[tʉru]
Quanto?	Қанша?	[qanʃa]
desconto (m)	шегерім	[ʃægerim]

não caro (adj)	қымбат емес	[qimbat emes]
barato (adj)	арзан	[arzan]
caro (adj)	қымбат	[qimbat]
É caro	бұл қымбат	[bul qimbat]
aluguel (m)	жалға беру	[ʒalɣa beru]
alugar (roupas, etc.)	жалға алу	[ʒalɣa alu]

| crédito (m) | несие | [nesɪe] |
| a crédito | несиеге | [nesɪege] |

59. Dinheiro

dinheiro (m)	ақша	[aqʃa]
câmbio (m)	айырбастау	[ajirbastau]
taxa (f) de câmbio	курс	[kurs]
caixa (m) eletrônico	банкомат	[bankomat]
moeda (f)	тиын	[tɪin]

| dólar (m) | доллар | [dollar] |
| euro (m) | еуро | [euro] |

lira (f)	лира	[lɪra]
marco (m)	марка	[marka]
franco (m)	франк	[frank]
libra (f) esterlina	фунт-стерлинг	[funt sterlɪŋ]
iene (m)	йена	[jena]

dívida (f)	қарыз	[qariz]
devedor (m)	қарыздар	[qarizdar]
emprestar (vt)	қарызға беру	[qarizɣa beru]
pedir emprestado	қарызға алу	[qarizɣa alu]

banco (m)	банкі	[banki]
conta (f)	шот	[ʃot]
depositar na conta	шотқа салу	[ʃotqa salu]
sacar (vt)	шоттан шығару	[ʃottan ʃiɣaru]

cartão (m) de crédito	кредиттік карта	[kredɪttik karta]
dinheiro (m) vivo	қолма-қол ақша	[qolma qol aqʃa]
cheque (m)	чек	[tʃek]
passar um cheque	чек жазу	[tʃek ʒazu]
talão (m) de cheques	чек кітапшасы	[tʃek kitapʃasi]

carteira (f)	әмиян	[æmɪjan]
niqueleira (f)	әмиян	[æmɪjan]
cofre (m)	жағдан	[ʒaɣdan]

herdeiro (m)	мұрагер	[murager]
herança (f)	мұра	[mura]
fortuna (riqueza)	дәулет	[dæulet]

arrendamento (m)	жалгерлік	[ʒalgerlik]
aluguel (pagar o ~)	пәтер ақы	[pæter aqi]
alugar (vt)	жалға алу	[ʒalɣa alu]

preço (m)	баға	[baɣa]
custo (m)	баға	[baɣa]
soma (f)	сома	[soma]

| gastar (vt) | шығын қылу | [ʃiɣin qilu] |
| gastos (m pl) | шығындар | [ʃiɣindar] |

economizar (vi)	үнемдеу	[ʉnemdeu]
econômico (adj)	үнемді	[ʉnemdi]

pagar (vt)	төлеу	[tøleu]
pagamento (m)	төлем-ақы	[tølem aqi]
troco (m)	қайыру	[qajïru]

imposto (m)	салық	[saliq]
multa (f)	айыппұл	[ajïppʊl]
multar (vt)	айып салу	[ajïp salu]

60. Correios. Serviço postal

agência (f) dos correios	пошта	[poʃta]
correio (m)	пошта, хат және	[poʃta], [hat ʒæne]
carteiro (m)	пошташы	[poʃtaʃï]
horário (m)	жұмыс сағаттары	[ʒʊmïs saɣattarï]

carta (f)	хат	[hat]
carta (f) registada	тапсырыс хат	[tapsïrïs hat]
cartão (m) postal	ашық хат	[aʃïq hat]
telegrama (m)	жеделхат	[ʒedelhat]
encomenda (f)	сәлемдеме	[sælemdeme]
transferência (f) de dinheiro	ақша аударылымы	[aqʃa audarïlïmï]

receber (vt)	алу	[alu]
enviar (vt)	жіберу	[ʒiberu]
envio (m)	жөнелту	[ʒøneltu]

endereço (m)	мекен жай	[meken ʒaj]
código (m) postal	индекс	[ïndeks]
remetente (m)	жөнелтуші	[ʒøneltuʃi]
destinatário (m)	алушы	[aluʃï]

nome (m)	ат	[at]
sobrenome (m)	фамилия	[famïlïja]

tarifa (f)	тариф	[tarïf]
ordinário (adj)	кәдімгі	[kædimgi]
econômico (adj)	үнемді	[ʉnemdi]

peso (m)	салмақ	[salmaq]
pesar (estabelecer o peso)	өлшеу	[ølʃæu]
envelope (m)	конверт	[konvert]
selo (m) postal	марка	[marka]

Moradia. Casa. Lar

61. Casa. Eletricidade

eletricidade (f)	электр	[ɛlektr]
lâmpada (f)	шам	[ʃam]
interruptor (m)	сөндіргіш	[søndirgiʃ]
fusível, disjuntor (m)	тығын	[tiɣin]
fio, cabo (m)	сым	[sim]
instalação (f) elétrica	электр сымы	[ɛlektr simi]
medidor (m) de eletricidade	есептегіш	[eseptegiʃ]
indicação (f), registro (m)	есептегіштің көрсетуі	[eseptegiʃtiŋ kørsetui]

62. Moradia. Mansão

casa (f) de campo	қала сыртындағы үй	[qala sirtindaɣi ʉj]
vila (f)	вилла	[vɪlla]
ala (~ do edifício)	қанат	[qanat]
jardim (m)	бақша	[baqʃa]
parque (m)	саябақ	[sajabaq]
estufa (f)	жылыжай	[ʒɨlɨʒaj]
cuidar de …	бағып-қағу	[baɣip qaɣu]
piscina (f)	бассейн	[bassejn]
academia (f) de ginástica	спорт залы	[sport zali]
quadra (f) de tênis	теннис корты	[tenɪs korti]
cinema (m)	кинотеатр	[kɪnoteatr]
garagem (f)	гараж	[garaʒ]
propriedade (f) privada	жеке меншік	[ʒeke menʃik]
terreno (m) privado	жекеменшік иелігіндегі жерлер	[ʒekemenʃik ɪeligindegi ʒerler]
advertência (f)	ескерту	[eskertu]
sinal (m) de aviso	ескерту жазбасы	[eskertu ʒazbasi]
guarda (f)	күзет	[kʉzet]
guarda (m)	күзетші	[kʉzetʃi]
alarme (m)	дабылдама	[dabildama]

63. Apartamento

apartamento (m)	пәтер	[pæter]
quarto, cômodo (m)	бөлме	[bølme]

quarto (m) de dormir	жатаржай	[ʒatarʒaj]
sala (f) de jantar	асхана	[ashana]
sala (f) de estar	қонақхана	[qonaqhana]
escritório (m)	кабинет	[kabınet]

sala (f) de entrada	ауыз үй	[awiz ʉj]
banheiro (m)	жуынатын бөлме	[ʒuinatin bølme]
lavabo (m)	әжетхана	[æʒethana]

teto (m)	төбе	[tøbe]
chão, piso (m)	еден	[eden]
canto (m)	бөлменің бұрышы	[bølmeniŋ bʉriʃi]

64. Mobiliário. Interior

mobiliário (m)	жиһаз	[ʒıhaz]
mesa (f)	үстел	[ʉstel]
cadeira (f)	орындық	[orindiq]
cama (f)	төсек	[tøsek]
sofá, divã (m)	диван	[dıvan]
poltrona (f)	кресло	[kreslo]

| estante (f) | шкаф | [ʃkaf] |
| prateleira (f) | өре | [øre] |

guarda-roupas (m)	шкаф	[ʃkaf]
cabide (m) de parede	ілгіш	[ilgiʃ]
cabideiro (m) de pé	ілгіш	[ilgiʃ]

| cômoda (f) | комод | [komod] |
| mesinha (f) de centro | шағын үстелше | [ʃaɣin ʉstelʃæ] |

espelho (m)	айна	[ajna]
tapete (m)	кілем	[kilem]
tapete (m) pequeno	кілемше	[kilemʃæ]

lareira (f)	камин	[kamın]
vela (f)	шырақ	[ʃiraq]
castiçal (m)	шамдал	[ʃamdal]

cortinas (f pl)	перде	[perde]
papel (m) de parede	түсқағаз	[tʉsqaɣaz]
persianas (f pl)	жалюзи	[ʒaljuzı]

| luminária (f) de mesa | үстел шамы | [ʉstel ʃami] |
| luminária (f) de parede | шырақ | [ʃiraq] |

| abajur (m) de pé | сәнсәуле | [sænsæule] |
| lustre (m) | люстра | [ljustra] |

pé (de mesa, etc.)	аяқ	[ajaq]
braço, descanso (m)	шынтақша	[ʃintaqʃa]
costas (f pl)	арқалық	[arqaliq]
gaveta (f)	жәшік	[ʒæʃik]

65. Quarto de dormir

roupa (f) de cama	төсек-орын жабдығы	[tøsek orin ӡabdïɣï]
travesseiro (m)	жастық	[ӡastïq]
fronha (f)	жастық тысы	[ӡastïq tïsï]
cobertor (m)	көрпе	[kørpe]
lençol (m)	ақжайма	[aqӡajma]
colcha (f)	жамылғы	[ӡamïlɣï]

66. Cozinha

cozinha (f)	асүй	[asʉj]
gás (m)	газ	[gaz]
fogão (m) a gás	газ плитасы	[gaz plïtasï]
fogão (m) elétrico	электр плитасы	[ɛlektr plïtasï]
forno (m)	духовка	[duhovka]
forno (m) de micro-ondas	шағын толқынды пеш	[ʃaɣïn tolqïndï peʃ]
geladeira (f)	тоңазытқыш	[toŋazïtqïʃ]
congelador (m)	мұздатқыш	[muzdatqïʃ]
máquina (f) de lavar louça	ыдыс-аяқ жуу машинасы	[idis ajaq ӡuu maʃïnasï]
moedor (m) de carne	еттартқыш	[ettartqïʃ]
espremedor (m)	шырынсыққыш	[ʃïrïnsïqqïʃ]
torradeira (f)	тостер	[toster]
batedeira (f)	миксер	[mïkser]
máquina (f) de café	кофеқайнатқы	[kofeqajnatqï]
cafeteira (f)	кофе шәйнек	[kofe ʃæjnek]
moedor (m) de café	кофе ұнтақтағыш	[kofe untaqtaɣïʃ]
chaleira (f)	шәйнек	[ʃæjnek]
bule (m)	шәйнек	[ʃæjnek]
tampa (f)	жапқыш	[ӡapqïʃ]
coador (m) de chá	сүзгі	[sʉzgi]
colher (f)	қасық	[qasïq]
colher (f) de chá	шай қасық	[ʃaj qasïq]
colher (f) de sopa	ас қасық	[as qasïq]
garfo (m)	шанышқы	[ʃanïʃqï]
faca (f)	пышақ	[pïʃaq]
louça (f)	ыдыс	[idis]
prato (m)	тәрелке	[tærelke]
pires (m)	табақша	[tabaqʃa]
cálice (m)	рөмке	[rømke]
copo (m)	стақан	[staqan]
xícara (f)	шыныаяқ	[ʃïniajaq]
açucareiro (m)	қантсалғыш	[qantsalɣïʃ]
saleiro (m)	тұз сауыт	[tuz sawït]
pimenteiro (m)	бұрыш салғыш	[burïʃ salɣïʃ]

manteigueira (f)	майсауыт	[majsawit]
panela (f)	кастрөл	[kastrøl]
frigideira (f)	таба	[taba]
concha (f)	ожау	[oʒau]
coador (m)	сүзекі	[sʉzeki]
bandeja (f)	табақ	[tabaq]

garrafa (f)	бөтелке	[bøtelke]
pote (m) de vidro	банкі	[banki]
lata (~ de cerveja)	банкі	[banki]

abridor (m) de garrafa	ашқыш	[aʃqiʃ]
abridor (m) de latas	ашқыш	[aʃqiʃ]
saca-rolhas (m)	бұранда	[bʊranda]
filtro (m)	сүзгіш	[sʉzgiʃ]
filtrar (vt)	сүзу	[sʉzu]

lixo (m)	қоқым-соқым	[qoqim soqim]
lixeira (f)	қоқыс шелегі	[qoqis ʃælegi]

67. Casa de banho

banheiro (m)	жуынатын бөлме	[ʒuinatin bølme]
água (f)	су	[su]
torneira (f)	шүмек	[ʃʉmek]
água (f) quente	ыстық су	[istiq su]
água (f) fria	суық су	[suiq su]

pasta (f) de dente	тіс пастасы	[tis pastasi]
escovar os dentes	тіс тазалау	[tis tazalau]

barbear-se (vr)	қырыну	[qirinu]
espuma (f) de barbear	қырынуға арналған көбік	[qirinuɣa arnalɣan købik]
gilete (f)	ұстара	[ʊstara]

lavar (vt)	жуу	[ʒuu]
tomar banho	жуыну	[ʒuinu]
chuveiro (m), ducha (f)	душ	[duʃ]
tomar uma ducha	душқа түсу	[duʃqa tʉsu]

banheira (f)	ванна	[vana]
vaso (m) sanitário	унитаз	[unitaz]
pia (f)	раковина	[rakovina]

sabonete (m)	сабын	[sabin]
saboneteira (f)	сабын салғыш	[sabin salɣiʃ]

esponja (f)	губка	[gubka]
xampu (m)	сусабын	[susabin]
toalha (f)	орамал	[oramal]
roupão (m) de banho	шапан	[ʃapan]

lavagem (f)	кір жуу	[kir ʒuu]
lavadora (f) de roupas	кіржуғыш машина	[kirʒuɣiʃ maʃina]

| lavar a roupa | кір жуу | [kir ʒuu] |
| detergente (m) | кір жуу ұнтағы | [kir ʒuu untaɣɨ] |

68. Eletrodomésticos

televisor (m)	теледидар	[teledɨdar]
gravador (m)	магнитофон	[magnɨtofon]
videogravador (m)	бейнемагнитофон	[bejnemagnɨtofon]
rádio (m)	қабылдағыш	[qabɨldaɣɨʃ]
leitor (m)	плеер	[pleer]

projetor (m)	бейне проекторы	[bejne proektorɨ]
cinema (m) em casa	үй кинотеатры	[ʉj kɨnoteatrɨ]
DVD Player (m)	DVD ойнатқыш	[dividi ojnatqɨʃ]
amplificador (m)	күшейткіш	[kʉʃæjtkiʃ]
console (f) de jogos	ойын қосымшасы	[ojin qosɨmʃasi]

câmera (f) de vídeo	бейнекамера	[bejnekamera]
máquina (f) fotográfica	фотоаппарат	[fotoapparat]
câmera (f) digital	цифрлы фотоаппарат	[tsɨfrlɨ fotoapparat]

aspirador (m)	шаңсорғыш	[ʃaŋsorɣɨʃ]
ferro (m) de passar	үтік	[ʉtik]
tábua (f) de passar	үтіктеу тақтасы	[ʉtikteu taqtasi]

telefone (m)	телефон	[telefon]
celular (m)	ұялы телефон	[ʊjalɨ telefon]
máquina (f) de escrever	жазу машинкасы	[ʒazu maʃɨnkasɨ]
máquina (f) de costura	тігін машинкасы	[tigin maʃɨnkasi]

microfone (m)	микрофон	[mɨkrofon]
fone (m) de ouvido	құлаққап	[qʊlaqqap]
controle remoto (m)	пульт	[pulʲt]

CD (m)	CD, компакт-дискі	[si di], [kompakt dɨski]
fita (f) cassete	кассета	[kasseta]
disco (m) de vinil	пластинка	[plastɨnka]

ATIVIDADES HUMANAS

Emprego. Negócios. Parte 1

69. Escritório. O trabalho no escritório

escritório (~ de advogados)	кеңсе	[qeŋse]
escritório (do diretor, etc.)	кабинет	[kabınet]
recepção (f)	ресепшн	[resepʃn]
secretário (m)	хатшы	[hatʃi]

diretor (m)	директор	[dırektor]
gerente (m)	менеджер	[meneʤer]
contador (m)	есепші	[esepʃi]
empregado (m)	қызметкер	[qizmetker]

mobiliário (m)	жиһаз	[ʒıhaz]
mesa (f)	үстел	[ʉstel]
cadeira (f)	кресло	[kreslo]
gaveteiro (m)	тумбочка	[tumbotʃka]
cabideiro (m) de pé	киім ілгіш	[kıim ilgiʃ]

computador (m)	компьютер	[kompʲuter]
impressora (f)	принтер	[prınter]
fax (m)	факс	[faks]
fotocopiadora (f)	көшіргі аппарат	[køʃirgi apparat]

papel (m)	қағаз	[qaɣaz]
artigos (m pl) de escritório	кеңсе жабдықтары	[keŋse ʒabdiqtari]
tapete (m) para mouse	кілемше	[kilemʃæ]
folha (f)	парақ	[paraq]
pasta (f)	папка	[papka]

catálogo (m)	каталог	[katalog]
lista (f) telefônica	анықтағыш	[aniqtaɣiʃ]
documentação (f)	құжаттама	[quʒattama]
brochura (f)	брошюра	[broʃjura]
panfleto (m)	үндеу	[ʉndeu]
amostra (f)	үлгі	[ʉlgi]

formação (f)	тренинг	[trenıng]
reunião (f)	кеңесу	[keŋesu]
hora (f) de almoço	түскі үзіліс	[tuski ʉzilis]

fazer uma cópia	көшірме жасау	[køʃirme ʒasau]
tirar cópias	көбейту	[købejtu]
receber um fax	факс қабылдау	[faks qabildau]
enviar um fax	факс жіберу	[faks ʒiberu]
fazer uma chamada	қоңырау шалу	[qoŋirau ʃalu]

responder (vt)	жауап беру	[ʒawap beru]
passar (vt)	біріктіру	[biriktiru]
marcar (vt)	белгілеу	[belgileu]
demonstrar (vt)	көрсету	[kørsetu]
estar ausente	болмау	[bolmau]
ausência (f)	келмей қалу	[kelmej qalu]

70. Processos negociais. Parte 1

ocupação (f)	іс	[is]
firma, empresa (f)	фирма	[fırma]
companhia (f)	компания	[kompanıja]
corporação (f)	корпорация	[korporatsıja]
empresa (f)	кәсіпорын	[kæsiporin]
agência (f)	агенттік	[agenttik]
acordo (documento)	келісім-шарт	[kelisim ʃart]
contrato (m)	шарт	[ʃart]
acordo (transação)	мәміле	[mæmile]
pedido (m)	тапсырыс	[tapsiris]
termos (m pl)	шарт талабы	[ʃart talabı]
por atacado	көтерме сауда	[køterme sauda]
por atacado (adj)	көтерме	[køterme]
venda (f) por atacado	көтермете сату	[køtermete satu]
a varejo	бөлшек	[bølʃæk]
venda (f) a varejo	бөлшектеп сату	[bølʃæktep satu]
concorrente (m)	бәсекеші	[bæsekeʃi]
concorrência (f)	бәсеке	[bæseke]
competir (vi)	бақастасу	[baqastasu]
sócio (m)	серіктес	[seriktes]
parceria (f)	серіктестік	[seriktestik]
crise (f)	кризис	[krızıs]
falência (f)	банкроттық	[bankrottiq]
entrar em falência	банкрот болу	[bankrot bolu]
dificuldade (f)	қиындық	[qıindiq]
problema (m)	мәселе	[mæsele]
catástrofe (f)	зілзала	[zilzala]
economia (f)	экономика	[ɛkonomıka]
econômico (adj)	экономикалық	[ɛkonomıkaliq]
recessão (f) econômica	экономикалық құлдырау	[ɛkonomıkaliq quldirau]
objetivo (m)	мақсат	[maqsat]
tarefa (f)	мәселе	[mæsele]
comerciar (vi, vt)	сауда жасау	[sauda ʒasau]
rede (de distribuição)	дистрибьюторлар жүйесі	[dıstrıbʲutorlar ʒujesi]
estoque (m)	қойма	[qojma]
sortimento (m)	ассортимент	[assortıment]

líder (m)	басшы	[basʃi]
grande (~ empresa)	ірі	[iri]
monopólio (m)	монополия	[monopolıja]

teoria (f)	теория	[teorıja]
prática (f)	тәжірибе	[tæʒirıbe]
experiência (f)	тәжірибе	[tæʒirıbe]
tendência (f)	тенденция	[tendentsıja]
desenvolvimento (m)	даму	[damu]

71. Processos negociais. Parte 2

rentabilidade (f)	пайда	[pajda]
rentável (adj)	пайдалы	[pajdali]

delegação (f)	делегация	[delegatsıja]
salário, ordenado (m)	жалақы	[ʒalaqi]
corrigir (~ um erro)	дұрыстау	[duristau]
viagem (f) de negócios	іссапар	[issapar]
comissão (f)	комиссия	[komıssıja]

controlar (vt)	бақылау	[baqilau]
conferência (f)	конференция	[konferentsıja]
licença (f)	лицензия	[lıtsenzıja]
confiável (adj)	берік	[berik]

empreendimento (m)	бастама	[bastama]
norma (f)	норма	[norma]
circunstância (f)	жағдай	[ʒaɣdaj]
dever (do empregado)	міндет	[mindet]

empresa (f)	ұйым	[ujim]
organização (f)	ұйымдастыру	[ujimdastiru]
organizado (adj)	ұйымдасқан	[ujimdasqan]
anulação (f)	кушін жою	[kuʃin ʒoju]
anular, cancelar (vt)	болдырмау	[boldirmau]
relatório (m)	есеп	[esep]

patente (f)	патент	[patent]
patentear (vt)	патенттеу	[patenteu]
planejar (vt)	жоспарлау	[ʒosparlau]

bônus (m)	сыйақы	[sijaqi]
profissional (adj)	кәсіпқор	[kæsipqor]
procedimento (m)	процедура	[protsedura]

examinar (~ a questão)	қарау	[qarau]
cálculo (m)	есеп	[esep]
reputação (f)	бедел	[bedel]
risco (m)	тәуекел	[tæwekel]

dirigir (~ uma empresa)	басқару	[basqaru]
informação (f)	мәліметтер	[mælimetter]
propriedade (f)	меншік	[menʃik]

união (f)	одақ	[odaq]
seguro (m) de vida	өмірді сақтандыру	[ømirdi saqtandiru]
fazer um seguro	сақтандыру	[saqtandiru]
seguro (m)	сақтандыру	[saqtandiru]
leilão (m)	сауда-саттық	[sauda sattiq]
notificar (vt)	хабарлау	[habarlau]
gestão (f)	басқару	[basqaru]
serviço (indústria de ~s)	қызмет	[qizmet]
fórum (m)	форум	[forum]
funcionar (vi)	жұмыс істеу	[ʒumis isteu]
estágio (m)	кезең	[kezeŋ]
jurídico, legal (adj)	заңды	[zaŋdi]
advogado (m)	заңгер	[zaŋger]

72. Produção. Trabalhos

usina (f)	зауыт	[zawit]
fábrica (f)	фабрика	[fabrıka]
oficina (f)	цех	[tseh]
local (m) de produção	өндіріс	[øndiris]
indústria (f)	өнеркәсіп	[ønerkæsip]
industrial (adj)	өнеркәсіп	[ønerkæsip]
indústria (f) pesada	ауыр өнеркәсіп	[awir ønerkæsip]
indústria (f) ligeira	жеңіл өнеркәсіп	[ʒeŋil ønerkæsip]
produção (f)	өнім	[ønim]
produzir (vt)	өндіру	[øndiru]
matérias-primas (f pl)	шикізат	[ʃikizat]
chefe (m) de obras	бригадир	[brıgadır]
equipe (f)	бригада	[brıgada]
operário (m)	жұмысшы	[ʒumisʃi]
dia (m) de trabalho	жұмыс күні	[ʒumis kuni]
intervalo (m)	кідіріс	[kidiris]
reunião (f)	жиналыс	[ʒınalis]
discutir (vt)	талқылау	[talqilau]
plano (m)	жоспар	[ʒospar]
cumprir o plano	жоспарды орындау	[ʒospardi orindau]
taxa (f) de produção	мөлшер	[mølʃær]
qualidade (f)	сапа	[sapa]
controle (m)	бақылау	[baqilau]
controle (m) da qualidade	сапасын бақылау	[sapasin baqilau]
segurança (f) no trabalho	еңбек қауіпсіздігі	[eŋbeq qawipsizdigi]
disciplina (f)	тәртіп	[tærtip]
infração (f)	бұзылым	[buzilim]
violar (as regras)	бұзу	[buzu]
greve (f)	ереуіл	[erewil]
grevista (m)	ереуілші	[erewilʃi]

estar em greve	ереуілдеу	[erewildeu]
sindicato (m)	кәсіподақ	[kæsipodaq]
inventar (vt)	ойлап шығару	[ojlap ʃɨɣaru]
invenção (f)	өнертабыс	[ønertabɨs]
pesquisa (f)	зерттеу	[zertteu]
melhorar (vt)	жақсарту	[ȝaqsartu]
tecnologia (f)	технология	[tehnologɨja]
desenho (m) técnico	сызба	[sɨzba]
carga (f)	жүк	[ȝʉk]
carregador (m)	жүкші	[ȝʉkʃi]
carregar (o caminhão, etc.)	жүктеу	[ȝʉkteu]
carregamento (m)	тиеу	[tɨeu]
descarregar (vt)	жүкті түсіру	[ȝʉkti tʉsiru]
descarga (f)	жүк түсіру	[ȝʉk tʉsiru]
transporte (m)	көлік	[kølik]
companhia (f) de transporte	көлік компаниясы	[kølik kompanɨjasɨ]
transportar (vt)	тасымалдау	[tasɨmaldau]
vagão (m) de carga	вагон	[vagon]
tanque (m)	цистерна	[tsɨsterna]
caminhão (m)	жүк автомобилі	[ȝʉk avtomobɨli]
máquina (f) operatriz	станок	[stanok]
mecanismo (m)	құрылым	[qurɨlɨm]
resíduos (m pl) industriais	өндіріс қалдықтары	[øndiris qaldɨqtarɨ]
embalagem (f)	орау	[orau]
embalar (vt)	орау	[orau]

73. Contrato. Acordo

contrato (m)	шарт	[ʃart]
acordo (m)	келісім	[kelisim]
adendo, anexo (m)	қосымша	[qosɨmʃa]
assinar o contrato	келісім жасау	[kelisim ȝasau]
assinatura (f)	қол таңба	[qol taŋba]
assinar (vt)	қол қою	[qol qoju]
carimbo (m)	мөр	[mør]
objeto (m) do contrato	келісім-шарттың тақырыбы	[kelisim ʃarttɨŋ taqɨrɨbɨ]
cláusula (f)	пункт	[punkt]
partes (f pl)	жақтар	[ȝaqtar]
domicílio (m) legal	заңды мекенжай	[zaŋdɨ mekenȝaj]
violar o contrato	шартты бұзу	[ʃarttɨ buzu]
obrigação (f)	міндеттеме	[mindetteme]
responsabilidade (f)	жауапкершілік	[ȝawapkerʃilik]
força (f) maior	форс-мажор	[fors maȝor]
litígio (m), disputa (f)	талас	[talas]
multas (f pl)	айыппұлдық ықпалшара	[ajɨppuldɨq ɨqpalʃara]

74. Importação & Exportação

importação (f)	импорт	[ımport]
importador (m)	импортшы	[ımportʃi]
importar (vt)	импорттау	[ımporttau]
de importação	импорттық	[ımporttiq]
exportador (m)	экспортшы	[ɛksportʃi]
exportar (vt)	экспорттау	[ɛksporttau]
mercadoria (f)	тауар	[tawar]
lote (de mercadorias)	партия	[partija]
peso (m)	салмақ	[salmaq]
volume (m)	көлем	[kølem]
metro (m) cúbico	текше метр	[tekʃæ metr]
produtor (m)	өндіруші	[øndiruʃi]
companhia (f) de transporte	көлік компаниясы	[kølik kompanijasi]
contêiner (m)	контейнер	[kontejner]
fronteira (f)	шекара	[ʃækara]
alfândega (f)	кеден	[keden]
taxa (f) alfandegária	кеден бажы	[keden baʒi]
funcionário (m) da alfândega	кеденші	[kedenʃi]
contrabando (atividade)	контрабанда	[kontrabanda]
contrabando (produtos)	жасырын тауар	[ʒasirin tawar]

75. Finanças

ação (f)	акция	[aktsija]
obrigação (f)	облигация	[obligatsija]
nota (f) promissória	вексель	[veksel^i]
bolsa (f) de valores	биржа	[birʒa]
cotação (m) das ações	акция курсы	[aktsija kursi]
tornar-se mais barato	арзандау	[arzandau]
tornar-se mais caro	қымбаттау	[qimbattau]
parte (f)	үлес	[ʉles]
participação (f) majoritária	бақылау пакеті	[baqilau paketi]
investimento (m)	инвестициялар	[ınvestitsijalar]
investir (vt)	инвестициялау	[ınvestitsijalau]
porcentagem (f)	пайыз	[pajiz]
juros (m pl)	пайыздар	[pajizdar]
lucro (m)	пайда	[pajda]
lucrativo (adj)	пайдалы	[pajdali]
imposto (m)	салық	[saliq]
divisa (f)	валюта	[valjuta]
nacional (adj)	ұлттық	[ʉlttiq]

câmbio (m)	айырбас	[ajïrbas]
contador (m)	есепші	[esepʃi]
contabilidade (f)	есепшілік	[esepʃilik]
falência (f)	банкроттық	[bankrottiq]
falência, quebra (f)	құлау	[qulau]
ruína (f)	ойсырау	[ojsïrau]
estar quebrado	жұтау	[ʒutau]
inflação (f)	инфляция	[ɪnfljatsɪja]
desvalorização (f)	девальвация	[devalʲvatsɪja]
capital (m)	капитал	[kapɪtal]
rendimento (m)	табыс	[tabïs]
volume (m) de negócios	айналым	[ajnalïm]
recursos (m pl)	ресурстар	[resurstar]
recursos (m pl) financeiros	ақшалай қаражат	[aqʃalaj qaraʒat]
despesas (f pl) gerais	үстеме шығындар	[ʉsteme ʃïɣïndar]
reduzir (vt)	шығындарды азайту	[ʃïɣïndardï azajtu]

76. Marketing

marketing (m)	маркетинг	[marketɪng]
mercado (m)	нарық	[narïq]
segmento (m) do mercado	нарық сараланымы	[narïq saralanïmï]
produto (m)	өнім	[ønim]
mercadoria (f)	тауар	[tawar]
marca (f) registrada	сауда маркасы	[sauda markasï]
logotipo (m)	фирмалық белгі	[fïrmalïq belgi]
logo (m)	логотип	[logotïp]
demanda (f)	сұраныс	[suranïs]
oferta (f)	ұсыным	[usïnïm]
necessidade (f)	керектік	[kerektik]
consumidor (m)	тұтынушы	[tutïnuʃï]
análise (f)	талдау	[taldau]
analisar (vt)	талдау жасау	[taldau ʒasau]
posicionamento (m)	ерекше ұсынылуы	[erekʃæ usïnïluï]
posicionar (vt)	ерекше ұсыну	[erekʃæ usïnu]
preço (m)	баға	[baɣa]
política (f) de preços	баға саясаты	[baɣa sajasatï]
formação (f) de preços	бағаның құрылуы	[baɣanïŋ qurïluï]

77. Publicidade

publicidade (f)	жарнама	[ʒarnama]
fazer publicidade	жарнамалау	[ʒarnamalau]
orçamento (m)	бюджет	[bjudʒet]
anúncio (m)	жарнама	[ʒarnama]

publicidade (f) na TV	тележарнама	[teleʒarnama]
publicidade (f) na rádio	радиодағы жарнама	[radıodaɣı ʒarnama]
publicidade (f) exterior	сыртқы жарнама	[sirtqı ʒarnama]

comunicação (f) de massa	бұқаралық ақпарат құралдары	[buqaraliq aqparat quraldari]
periódico (m)	мерзімді басылым	[merzimdi basılim]
imagem (f)	имидж	[ımıdʒ]

| slogan (m) | ұран | [uran] |
| mote (m), lema (f) | ұран | [uran] |

campanha (f)	компания	[kompanıja]
campanha (f) publicitária	жарнама компаниясы	[ʒarnama kompanıjasi]
grupo (m) alvo	мақсатты аудитория	[maqsattı audıtorıja]

cartão (m) de visita	визит карточкасы	[vızıt kartotʃkasi]
panfleto (m)	үнпарақ	[unparaq]
brochura (f)	брошюра	[broʃjura]
folheto (m)	буклет	[buklet]
boletim (~ informativo)	бюллетень	[bjulletenʲ]

letreiro (m)	маңдайша жазу	[maŋdajʃa ʒazu]
cartaz, pôster (m)	плакат	[plakat]
painel (m) publicitário	жарнама қалқаны	[ʒarnama qalqani]

78. Banca

| banco (m) | банк | [bank] |
| balcão (f) | бөлімше | [bølimʃæ] |

| consultor (m) bancário | кеңесші | [keŋesʃi] |
| gerente (m) | басқарушы | [basqaruʃi] |

conta (f)	шот	[ʃot]
número (m) da conta	шот нөмірі	[ʃot nømiri]
conta (f) corrente	ағымдағы есепшот	[aɣimdaɣi esepʃot]
conta (f) poupança	жинақтаушы шот	[ʒinaqtauʃi ʃot]

abrir uma conta	шот ашу	[ʃot aʃu]
fechar uma conta	шот жабу	[ʃot ʒabu]
depositar na conta	шотқа салу	[ʃotqa salu]
sacar (vt)	шоттан алу	[ʃottan alu]

depósito (m)	салым	[salim]
fazer um depósito	салым жасау	[salim ʒasau]
transferência (f) bancária	аударылым	[audarilim]
transferir (vt)	аударылым жасау	[audarilim ʒasau]

| soma (f) | сома | [soma] |
| Quanto? | Қанша? | [qanʃa] |

| assinatura (f) | қол таңба | [qol taŋba] |
| assinar (vt) | қол қою | [qol qoju] |

cartão (m) de crédito	кредиттік карта	[kredıttik karta]
senha (f)	код	[kod]
número (m) do cartão de crédito	кредиттік картаның нөмірі	[kredıttik kartaniŋ nømiri]
caixa (m) eletrônico	банкомат	[bankomat]
cheque (m)	чек	[tʃek]
passar um cheque	чек жазу	[tʃek ʒazu]
talão (m) de cheques	чек кітапшасы	[tʃek kitapʃasi]
empréstimo (m)	несие	[nesıe]
pedir um empréstimo	несие жайында өтінішпен бару	[nesıe ʒajinda øtiniʃpen baru]
obter empréstimo	несие алу	[nesıe alu]
dar um empréstimo	несие беру	[nesıe beru]
garantia (f)	кепілдеме	[kepildeme]

79. Telefone. Conversação telefônica

telefone (m)	телефон	[telefon]
celular (m)	ұялы телефон	[ujali telefon]
secretária (f) eletrônica	автожауапшы	[avtoʒawapʃi]
fazer uma chamada	қоңырау шалу	[qoŋirau ʃalu]
chamada (f)	қоңырау	[qoŋirau]
discar um número	нөмірді теру	[nømirdi teru]
Alô!	Алло!	[allo]
perguntar (vt)	сұрау	[surau]
responder (vt)	жауап беру	[ʒawap beru]
ouvir (vt)	есту	[estu]
bem	жақсы	[ʒaqsi]
mal	жаман	[ʒaman]
ruído (m)	бөгеттер	[bøgetter]
fone (m)	трубка	[trubka]
pegar o telefone	трубканы алу	[trubkani alu]
desligar (vi)	трубканы салу	[trubkani salu]
ocupado (adj)	бос емес	[bos emes]
tocar (vi)	шылдырлау	[ʃildirlau]
lista (f) telefônica	телефон кітабы	[telefon kitabi]
local (adj)	жергілікті	[ʒergilikti]
de longa distância	қалааралық	[qalaaraliq]
internacional (adj)	халықаралық	[haliqaraliq]

80. Telefone móvel

celular (m)	ұялы телефон	[ujali telefon]
tela (f)	дисплей	[dısplej]

botão (m)	түйме	[tujme]
cartão SIM (m)	SIM-карта	[sim karta]
bateria (f)	батарея	[batareja]
descarregar-se (vr)	тогынан айырылу	[toginan ajirilu]
carregador (m)	зарядттау құрылғысы	[zarjadttau qurilɣisi]
menu (m)	меню	[menju]
configurações (f pl)	қалпына келтіру	[qalpina keltiru]
melodia (f)	әуен	[æwen]
escolher (vt)	таңдау	[taŋdau]
calculadora (f)	калькулятор	[kalʲkuljator]
correio (m) de voz	автожауапшы	[avtoʒawapʃi]
despertador (m)	оятар	[ojatar]
contatos (m pl)	телефон кітабы	[telefon kitabi]
mensagem (f) de texto	SMS-хабарлама	[ɛsɛmɛs habarlama]
assinante (m)	абонент	[abonent]

81. Estacionário

caneta (f)	автоқалам	[avtoqalam]
caneta (f) tinteiro	қаламұш	[qalamuʃ]
lápis (m)	қарындаш	[qarindaʃ]
marcador (m) de texto	маркер	[marker]
caneta (f) hidrográfica	фломастер	[flomaster]
bloco (m) de notas	блокнот	[bloknot]
agenda (f)	күнделік	[kundelik]
régua (f)	сызғыш	[sizɣiʃ]
calculadora (f)	калькулятор	[kalʲkuljator]
borracha (f)	өшіргіш	[øʃirgiʃ]
alfinete (m)	жапсырма шеге	[ʒapsirma ʃæge]
clipe (m)	қыстырғыш	[qistirɣiʃ]
cola (f)	желім	[ʒɛlim]
grampeador (m)	степлер	[stepler]
furador (m) de papel	тескіш	[teskiʃ]
apontador (m)	қайрағыш	[qajraɣiʃ]

82. Tipos de negócios

serviços (m pl) de contabilidade	есепшілік қызметтер	[esepʃilik qizmetter]
publicidade (f)	жарнама	[ʒarnama]
agência (f) de publicidade	жарнама агенттігі	[ʒarnama agenttigi]
ar (m) condicionado	кондиционерлер	[kondɪtsɪonerler]
companhia (f) aérea	авиакомпания	[avɪakompanɪja]
bebidas (f pl) alcoólicas	спиртті ішімдіктер	[spɪrtti iʃimdikter]

comércio (m) de antiguidades	антиквариат	[antıkvarıat]
galeria (f) de arte	галерея	[galereja]
serviços (m pl) de auditoria	аудиторлық қызметтер	[audıtorlıq qizmetter]

negócios (m pl) bancários	банк бизнесі	[bank bıznesi]
bar (m)	бар	[bar]
salão (m) de beleza	сән салоны	[sæn saloni]
livraria (f)	кітап дүкені	[kitap dükeni]
cervejaria (f)	сыра қайнататын орын	[sıra qajnatatin orin]
centro (m) de escritórios	бизнес орталық	[bıznes ortaliq]
escola (f) de negócios	бизнес-мектеп	[bıznes mektep]

cassino (m)	казино	[kazıno]
construção (f)	құрылыс	[qurilis]
consultoria (f)	консалтинг	[konsaltıng]

clínica (f) dentária	стоматология	[stomatologıja]
design (m)	дизайн	[dızajn]
drogaria (f)	дәріхана	[dærihana]
lavanderia (f)	химиялық тазалау	[hımıjaliq tazalau]
agência (f) de emprego	кадрлық агенттігі	[kadrlıq agenttigi]

serviços (m pl) financeiros	қаржалық қызметтер	[qarʒaliq qizmetter]
alimentos (m pl)	азық-түлік	[azıq tülik]
funerária (f)	жерлеу бюросы	[ʒerleu bjurosi]
mobiliário (m)	жиһаз	[ʒıhaz]
roupa (f)	киім	[kıim]
hotel (m)	қонақ үй	[qonaq üj]

sorvete (m)	балмұздақ	[balmʊzdaq]
indústria (f)	өнеркәсіп	[ønerkæsip]
seguro (~ de vida, etc.)	сақтандыру	[saqtandiru]
internet (f)	интернет	[ınternet]
investimento (m)	инвестициялар	[ınvestıtsıjalar]

joalheiro (m)	зергер	[zerger]
joias (f pl)	зергерлік бұйымдар	[zergerlik bujimdar]
lavanderia (f)	кір жуатын орын	[kir ʒuatin orin]
assessorias (f pl) jurídicas	заңгерлік қызметтер	[zaŋgerlik qizmetter]
indústria (f) ligeira	жеңіл өнеркәсіп	[ʒeŋil ønerkæsip]

revista (f)	журнал	[ʒurnal]
vendas (f pl) por catálogo	каталог бойынша сауда	[katalog bojinʃa sauda]
medicina (f)	медицина	[medıtsina]
cinema (m)	кинотеатр	[kınoteatr]
museu (m)	мұражай	[mʊraʒaj]

agência (f) de notícias	ақпарат агенттігі	[aqparat agenttigi]
jornal (m)	газет	[gazet]
boate (casa noturna)	түнгі клуб	[tüngi klub]

petróleo (m)	мұнай	[mʊnaj]
serviços (m pl) de remessa	курьерлік қызмет	[kurʲerlik qizmet]
indústria (f) farmacêutica	фармацевтика	[farmatsevtıka]
tipografia (f)	полиграфия	[polıgrafıja]
editora (f)	баспа	[baspa]

rádio (m)	радио	[radıo]
imobiliário (m)	жылжымайтын мүлік	[ʒilʒimajtin mᵾlik]
restaurante (m)	мейрамхана	[mejramhana]
empresa (f) de segurança	қорғау агенттігі	[qorɤau agenttigi]
esporte (m)	спорт	[sport]
bolsa (f) de valores	биржа	[bırʒa]
loja (f)	дүкен	[dᵾken]
supermercado (m)	супермаркет	[supermarket]
piscina (f)	бассейн	[bassejn]
alfaiataria (f)	ателье	[atelʲe]
televisão (f)	теледидар	[teledıdar]
teatro (m)	театр	[teatr]
comércio (m)	сауда	[sauda]
serviços (m pl) de transporte	тасымалдау	[tasimaldau]
viagens (f pl)	туризм	[turızm]
veterinário (m)	ветеринар	[veterınar]
armazém (m)	қойма	[qojma]
recolha (f) do lixo	қоқыстың тасып шығарылымы	[qoqistiŋ tasip ʃiɤarilimi]

Emprego. Negócios. Parte 2

83. Espetáculo. Feira

feira, exposição (f)	көрме	[kørme]
feira (f) comercial	сауда көрмесы	[sauda kørmesi]
participação (f)	қатысу	[qatisu]
participar (vi)	қатысу	[qatisu]
participante (m)	қатысушы	[qatisuʃi]
diretor (m)	директор	[dırektor]
direção (f)	дирекция	[dırektsıja]
organizador (m)	ұйымдастырушы	[ujimdastiruʃi]
organizar (vt)	ұйымдастыру	[ujimdastiru]
ficha (f) de inscrição	қатысуға сұраным	[qatisuɣa suranim]
preencher (vt)	толтыру	[toltiru]
detalhes (m pl)	детальдары	[detalʲdari]
informação (f)	ақпарат	[aqparat]
preço (m)	баға	[baɣa]
incluindo	соның ішінде	[soniŋ iʃinde]
incluir (vt)	соның ішінде	[soniŋ iʃinde]
pagar (vt)	төлеу	[tøleu]
taxa (f) de inscrição	тіркеу жарнасы	[tirkeu ʒarnasi]
entrada (f)	кіру	[kiru]
pavilhão (m), salão (f)	павильон	[pavılʲon]
inscrever (vt)	тіркеу	[tirkeu]
crachá (m)	бэдж	[bɛdʒ]
stand (m)	стенд	[stend]
reservar (vt)	кейінге сақтау	[kejinge saqtau]
vitrine (f)	көрме	[kørme]
lâmpada (f)	шырақ	[ʃiraq]
design (m)	дизайн	[dızajn]
pôr (posicionar)	орналастыру	[ornalastiru]
ser colocado, -a	орналастырылған	[ornalastirilɣan]
distribuidor (m)	дистрибьютор	[dıstrıbʲutor]
fornecedor (m)	өтемші	[øtemʃi]
fornecer (vt)	жеткізіп тұру	[ʒetkizip turu]
país (m)	ел	[el]
estrangeiro (adj)	шетелдік	[ʃæteldik]
produto (m)	өнім	[ønim]
associação (f)	ассоциация	[assotsıatsıja]
sala (f) de conferência	конференция залы	[konferentsıja zali]

congresso (m)	конгресс	[kongress]
concurso (m)	конкурс	[konkurs]
visitante (m)	келуші	[keluʃi]
visitar (vt)	келу	[kelu]
cliente (m)	тапсырушы	[tapsiruʃi]

84. Ciência. Investigação. Cientistas

ciência (f)	ғылым	[ɣilim]
científico (adj)	ғылыми	[ɣilimi]
cientista (m)	ғалым	[ɣalim]
teoria (f)	теория	[teorija]
axioma (m)	аксиома	[aksioma]
análise (f)	талдау	[taldau]
analisar (vt)	талдау жасау	[taldau ʒasau]
argumento (m)	дәлел	[dælel]
substância (f)	зат	[zat]
hipótese (f)	жорамал	[ʒoramal]
dilema (m)	дилемма	[dilemma]
tese (f)	дессертация	[dessertatsija]
dogma (m)	догма	[dogma]
doutrina (f)	доктрина	[doktrina]
pesquisa (f)	зерттеу	[zertteu]
pesquisar (vt)	зерттеуші	[zertteuʃi]
testes (m pl)	бақылау	[baqilau]
laboratório (m)	зертхана	[zerthana]
método (m)	әдіс	[ædis]
molécula (f)	молекула	[molekula]
monitoramento (m)	мониторинг	[monitoring]
descoberta (f)	ашылым	[aʃilim]
postulado (m)	жорамал	[ʒoramal]
princípio (m)	қағидат	[qaɣidat]
prognóstico (previsão)	болжау	[bolʒau]
prognosticar (vt)	болжау	[bolʒau]
síntese (f)	синтез	[sintez]
tendência (f)	тенденция	[tendentsija]
teorema (m)	теорема	[teorema]
ensinamentos (m pl)	ілім	[ilim]
fato (m)	дәлел	[dælel]
expedição (f)	экспедиция	[ɛkspeditsija]
experiência (f)	тәжірибе	[tæʒiribe]
acadêmico (m)	академик	[akademik]
bacharel (m)	бакалавр	[bakalavr]
doutor (m)	доктор	[doktor]
professor (m) associado	доцент	[dotsent]

mestrado (m)	**магистр**	[magıstr]
professor (m)	**профессор**	[professor]

Profissões e ocupações

85. Procura de emprego. Demissão

trabalho (m)	жұмыс	[ʒʊmɪs]
equipe (f)	штат	[ʃtat]
carreira (f)	мансап	[mansap]
perspectivas (f pl)	болашақ	[bolaʃaq]
habilidades (f pl)	ұсталық	[ʊstalɪq]
seleção (f)	іріктеу	[irikteu]
agência (f) de emprego	кадрлық агенттік	[kadrlɪq agenttik]
currículo (m)	резюме	[rezjume]
entrevista (f) de emprego	әңгімелесу	[æŋgimelesu]
vaga (f)	бос қызмет	[bos qɪzmet]
salário (m)	жалақы	[ʒalaqɪ]
salário (m) fixo	айлық	[ajlɪq]
pagamento (m)	ақы төлеу	[aqɪ tøleu]
cargo (m)	қызмет	[qɪzmet]
dever (do empregado)	міндет	[mindet]
gama (f) de deveres	міндеттер аясы	[mindetter ajasɪ]
ocupado (adj)	бос емес	[bos emes]
despedir, demitir (vt)	жұмыстан шығару	[ʒʊmɪstan ʃɪɣaru]
demissão (f)	жұмыстан шығару	[ʒʊmɪstan ʃɪɣaru]
desemprego (m)	жұмыссыздық	[ʒʊmɪssizdɪq]
desempregado (m)	жұмыссыз	[ʒʊmɪssiz]
aposentadoria (f)	зейнетақы	[zejnetaqɪ]
aposentar-se (vr)	пенсияға шығу	[pensijaɣa ʃɪɣu]

86. Gente de negócios

diretor (m)	директор	[dɪrektor]
gerente (m)	басқарушы	[basqaruʃɪ]
patrão, chefe (m)	басқарушы	[basqaruʃɪ]
superior (m)	бастық	[bastɪq]
superiores (m pl)	басшылық	[basʃɪlɪq]
presidente (m)	президент	[prezɪdent]
chairman (m)	төраға	[tøraɣa]
substituto (m)	орынбасар	[orinbasar]
assistente (m)	көмекші	[kømekʃi]
secretário (m)	хатшы	[hatʃɪ]

secretário (m) pessoal	жеке хатшы	[ʒeke hatʃi]
homem (m) de negócios	бизнесмен	[bɪznesmen]
empreendedor (m)	кәсіпкер	[kæsipker]
fundador (m)	негізін салушы	[negizin saluʃi]
fundar (vt)	орнату	[ornatu]

principiador (m)	құрылтайшы	[quriltajʃi]
parceiro, sócio (m)	серіктес	[seriktes]
acionista (m)	акционер	[aktsɪoner]

milionário (m)	миллионер	[mɪllɪoner]
bilionário (m)	миллиардер	[mɪllɪarder]
proprietário (m)	ие	[ɪe]
proprietário (m) de terras	жер иесі	[ʒer ɪesi]

cliente (m)	клиент	[klɪent]
cliente (m) habitual	тұрақты клиент	[tʊraktɨ klɪent]
comprador (m)	сатып алушы	[satip aluʃi]
visitante (m)	келуші	[keluʃi]

profissional (m)	кәсіпші	[kæsipʃi]
perito (m)	сарапшы	[sarapʃi]
especialista (m)	маман	[maman]

banqueiro (m)	банкир	[bankɪr]
corretor (m)	брокер	[broker]

caixa (m, f)	кассир	[kassɪr]
contador (m)	есепші	[esepʃi]
guarda (m)	күзетші	[kʊzetʃi]

investidor (m)	инвестор	[ɪnvestor]
devedor (m)	қарыздар	[qarizdar]
credor (m)	несиегер	[nesɪeger]
mutuário (m)	қарыз алушы	[qariz aluʃi]

importador (m)	импортшы	[ɪmportʃi]
exportador (m)	экспортшы	[ɛksportʃi]

produtor (m)	өндіруші	[øndiruʃi]
distribuidor (m)	дистрибьютор	[dɪstrɪbʲutor]
intermediário (m)	дәнекер	[dæneker]

consultor (m)	кеңесші	[keŋesʃi]
representante comercial	өкіл	[økil]
agente (m)	агент	[agent]
agente (m) de seguros	сақтандыру агенті	[saqtandiru agenti]

87. Profissões de serviços

cozinheiro (m)	аспазшы	[aspazʃi]
chefe (m) de cozinha	бас аспазшы	[bas aspazʃi]
padeiro (m)	нан пісіруші	[nan pisiruʃi]
barman (m)	бармен	[barmen]

| garçom (m) | даяшы | [dajaʃi] |
| garçonete (f) | даяшы | [dajaʃi] |

advogado (m)	адвокат	[advokat]
jurista (m)	заңгер	[zaŋger]
notário (m)	нотариус	[notarıus]

eletricista (m)	монтер	[montjor]
encanador (m)	сантехник	[santehnık]
carpinteiro (m)	балташы	[baltaʃi]

massagista (m)	массаж жасаушы	[massaʒ ʒasauʃi]
massagista (f)	массаж жасаушы	[massaʒ ʒasauʃi]
médico (m)	дәрігер	[dæriger]

taxista (m)	таксист	[taksıst]
condutor (automobilista)	айдарман	[ajdarman]
entregador (m)	курьер	[kurʲer]

camareira (f)	қызметші әйел	[qizmetʃi æjel]
guarda (m)	күзетші	[kʉzetʃi]
aeromoça (f)	аспансерік	[aspanserik]

professor (m)	мұғалім	[muɣalim]
bibliotecário (m)	кітапханашы	[kitaphanaʃi]
tradutor (m)	тілмаш	[tilmaʃ]
intérprete (m)	тілмаш	[tilmaʃ]
guia (m)	гид	[gıd]

cabeleireiro (m)	шаштаразшы	[ʃaʃtarazʃi]
carteiro (m)	пошташы	[poʃtaʃi]
vendedor (m)	сатушы	[satuʃi]

jardineiro (m)	бақшы	[baqʃi]
criado (m)	даяшы	[dajaʃi]
criada (f)	даяшы	[dajaʃi]
empregada (f) de limpeza	сыпырушы	[sipiruʃi]

88. Profissões militares e postos

soldado (m) raso	қатардағы	[qatardaɣi]
sargento (m)	сержант	[serʒant]
tenente (m)	лейтенант	[lejtenant]
capitão (m)	капитан	[kapıtan]

major (m)	майор	[major]
coronel (m)	полковник	[polkovnık]
general (m)	генерал	[general]
marechal (m)	маршал	[marʃal]
almirante (m)	адмирал	[admıral]

militar (m)	әскери адам	[æskerı adam]
soldado (m)	жауынгер	[ʒawinger]
oficial (m)	офицер	[ofıtser]

comandante (m)	командир	[komandɪr]
guarda (m) de fronteira	шекарашы	[ʃækaraʃi]
operador (m) de rádio	радист	[radɪst]
explorador (m)	барлаушы	[barlauʃi]
sapador-mineiro (m)	сапер	[sapør]
atirador (m)	атқыш	[atqiʃ]
navegador (m)	штурман	[ʃturman]

89. Oficiais. Padres

| rei (m) | король | [korolʲ] |
| rainha (f) | королева | [koroleva] |

| príncipe (m) | ханзада | [hanzada] |
| princesa (f) | ханша | [hanʃa] |

| czar (m) | патша | [patʃa] |
| czarina (f) | патшайым | [patʃajim] |

presidente (m)	президент	[prezɪdent]
ministro (m)	министр	[mɪnɪstr]
primeiro-ministro (m)	премьер-министр	[premʲer mɪnɪstr]
senador (m)	сенатор	[senator]

diplomata (m)	дипломат	[dɪplomat]
cônsul (m)	консул	[konsul]
embaixador (m)	елші	[elʃi]
conselheiro (m)	кеңесші	[keŋesʃi]

funcionário (m)	төре	[tøre]
prefeito (m)	префект	[prefekt]
Presidente (m) da Câmara	мэр	[mɛr]

| juiz (m) | төреші | [tøreʃi] |
| procurador (m) | прокурор | [prokuror] |

missionário (m)	миссионер	[mɪssɪoner]
monge (m)	монах	[monah]
abade (m)	уағыздаушы	[waɣizdauʃi]
rabino (m)	раввин	[ravɪn]

vizir (m)	уәзір	[wæzir]
xá (m)	шах	[ʃah]
xeique (m)	шайқы	[ʃajqi]

90. Profissões agrícolas

abelheiro (m)	ара өсіруші	[ara øsiruʃi]
pastor (m)	бақташы	[baqtaʃi]
agrônomo (m)	агроном	[agronom]
criador (m) de gado	мал өсіруші	[mal øsiruʃi]
veterinário (m)	ветеринар	[veterɪnar]

agricultor, fazendeiro (m)	ферма иесі	[ferma ɪesi]
vinicultor (m)	шарапшы	[ʃarapʃɪ]
zoólogo (m)	зоолог	[zoolog]
vaqueiro (m)	ковбой	[kovboj]

91. Profissões artísticas

ator (m)	актер	[aktør]
atriz (f)	актриса	[aktrɪsa]
cantor (m)	әнші	[ænʃi]
cantora (f)	әнші	[ænʃi]
bailarino (m)	биші	[bɪʃi]
bailarina (f)	биші	[bɪʃi]
artista (m)	әртіс	[ærtis]
artista (f)	әртіс	[ærtis]
músico (m)	сырнайшы	[sɪrnajʃi]
pianista (m)	пианист	[pɪanɪst]
guitarrista (m)	гитаршы	[gɪtarʃi]
maestro (m)	дирижер	[dɪrɪʒor]
compositor (m)	сазгер	[sazger]
empresário (m)	импресарио	[ɪmpresarɪo]
diretor (m) de cinema	режиссер	[reʒɪssør]
produtor (m)	продюсер	[prodjuser]
roteirista (m)	сценарист	[stsænarɪst]
crítico (m)	сынағыш	[sinaɣiʃ]
escritor (m)	жазушы	[ʒazuʃi]
poeta (m)	ақын	[aqin]
escultor (m)	мүсінші	[mʉsinʃi]
pintor (m)	суретші	[suretʃi]
malabarista (m)	жонглер	[ʒonglør]
palhaço (m)	клоун	[kloun]
acrobata (m)	акробат	[akrobat]
ilusionista (m)	сиқыршы	[siqirʃi]

92. Várias profissões

médico (m)	дәрігер	[dæriger]
enfermeira (f)	медбике	[medbɪke]
psiquiatra (m)	психиатр	[psɪhɪatr]
dentista (m)	стоматолог	[stomatolog]
cirurgião (m)	хирург	[hɪrurg]
astronauta (m)	астронавт	[astronavt]
astrônomo (m)	астроном	[astronom]

motorista (m)	жүргізуші	[ʒʉrgizuʃi]
maquinista (m)	машинист	[maʃinɪst]
mecânico (m)	механик	[mehanɪk]

mineiro (m)	кемірші	[kømirʃi]
operário (m)	жұмысшы	[ʒʊmisʃi]
serralheiro (m)	слесарь	[slesarʲ]
marceneiro (m)	ағаш шебері	[aɣaʃ ʃæberi]
torneiro (m)	қырнаушы	[qirnauʃi]
construtor (m)	құрылысшы	[qʊrilisʃi]
soldador (m)	дәнекерлеуші	[dænekerleuʃi]

professor (m)	профессор	[professor]
arquiteto (m)	сәулетші	[sæuletʃi]
historiador (m)	тарихшы	[tarihʃi]
cientista (m)	ғалым	[ɣalim]
físico (m)	физик	[fizɪk]
químico (m)	химик	[hɪmɪk]

arqueólogo (m)	археолог	[arheolog]
geólogo (m)	геолог	[geolog]
pesquisador (cientista)	зерттеуші	[zertteuʃi]

babysitter, babá (f)	бала бағушы	[bala baɣuʃi]
professor (m)	мұғалім	[mʊɣalim]

redator (m)	редактор	[redaktor]
redator-chefe (m)	бас редактор	[bas redaktor]
correspondente (m)	тілші	[tilʃi]
datilógrafa (f)	машинист	[maʃinɪst]

designer (m)	дизайнер	[dɪzajner]
especialista (m) em informática	компьютерші	[kompʲuterʃi]
programador (m)	бағдарламаушы	[baɣdarlamauʃi]
engenheiro (m)	инженер	[ɪnʒener]

marujo (m)	кемеші	[kemeʃi]
marinheiro (m)	кемеші	[kemeʃi]
socorrista (m)	құтқарушы	[qutqaruʃi]

bombeiro (m)	өрт сөндіруші	[ørt søndiruʃi]
polícia (m)	полицей	[polɪtsej]
guarda-noturno (m)	күзетші	[kuzetʃi]
detetive (m)	ізші	[izʃi]

funcionário (m) da alfândega	кеденші	[kedenʃi]
guarda-costas (m)	сақшы	[saqʃi]
guarda (m) prisional	қадағалаушы	[qadaɣalauʃi]
inspetor (m)	инспектор	[ɪnspektor]

esportista (m)	спортшы	[sportʃi]
treinador (m)	жаттықтырушы	[ʒattiqtiruʃi]
açougueiro (m)	етші	[etʃi]
sapateiro (m)	аяқ киім жамаушы	[ajaq kɪim ʒamauʃi]
comerciante (m)	сәудагер	[sæudager]

carregador (m)	жүк тиеуші	[ʒʉk tɪeuʃɪ]
estilista (m)	модель	[modelʲ]
modelo (f)	үлгіші	[ʉlgiʃɪ]

93. Ocupações. Estatuto social

estudante (~ de escola)	оқушы	[oquʃɪ]
estudante (~ universitária)	студент	[student]
filósofo (m)	философ	[fɪlosof]
economista (m)	экономист	[ɛkonomɪst]
inventor (m)	өнертапқыш	[ønertapqɪʃ]
desempregado (m)	жұмыссыз	[ʒʊmissiz]
aposentado (m)	зейнеткер	[zejnetker]
espião (m)	тыңшы	[tiɲʃɪ]
preso, prisioneiro (m)	қамалған	[qamalɣan]
grevista (m)	ереуілші	[erewilʃɪ]
burocrata (m)	кеңсешіл	[keɲseʃil]
viajante (m)	саяхатшы	[sajahatʃɪ]
homossexual (m)	гомосексуалист	[gomoseksualɪst]
hacker (m)	хакер	[haker]
hippie (m, f)	хиппи	[hɪppɪ]
bandido (m)	қарақшы	[qaraqʃɪ]
assassino (m)	жалдамалы өлтіруші	[ʒaldamalɪ øltiruʃɪ]
drogado (m)	нашақор	[naʃaqor]
traficante (m)	есірткі сатушы	[esirtki satuʃɪ]
prostituta (f)	жезөкше	[ʒezøkʃæ]
cafetão (m)	сутенер	[sutenør]
bruxo (m)	дуагер	[duager]
bruxa (f)	көз байлаушы	[køz bajlauʃɪ]
pirata (m)	теңіз қарақшысы	[teɲiz qaraqʃisɪ]
escravo (m)	құл	[qʊl]
samurai (m)	самурай	[samuraj]
selvagem (m)	жабайы адам	[ʒabajɪ adam]

Educação

94. Escola

escola (f)	мектеп	[mektep]
diretor (m) de escola	мектеп директоры	[mektep dırektori]
aluno (m)	оқушы	[oquʃi]
aluna (f)	оқушы	[oquʃi]
estudante (m)	мектеп оқушысы	[mektep oquʃisi]
estudante (f)	мектеп оқушысы	[mektep oquʃisi]
ensinar (vt)	оқыту	[oqitu]
aprender (vt)	оқу	[oqu]
decorar (vt)	жаттап алу	[ʒattap alu]
estudar (vi)	үйрену	[ʉjrenu]
estar na escola	оқу	[oqu]
ir à escola	мектепке бару	[mektepke baru]
alfabeto (m)	алфавит	[alfavıt]
disciplina (f)	пән	[pæn]
sala (f) de aula	сынып	[sinip]
lição, aula (f)	сабақ	[sabaq]
recreio (m)	үзіліс	[ʉzilis]
toque (m)	қоңырау	[qoŋirau]
classe (f)	парта	[parta]
quadro (m) negro	тақта	[taqta]
nota (f)	баға	[baɣa]
boa nota (f)	жақсы баға	[ʒaksi baɣa]
nota (f) baixa	жаман баға	[ʒaman baɣa]
dar uma nota	баға қою	[baɣa qoju]
erro (m)	қате	[qate]
errar (vi)	қате жасау	[qate ʒasau]
corrigir (~ um erro)	дұрыстау	[duristau]
cola (f)	шпаргалка	[ʃpargalka]
dever (m) de casa	үй тапсырмасы	[ʉj tapsirmasi]
exercício (m)	жаттығу	[ʒattiɣu]
estar presente	қатысу	[qatisu]
estar ausente	келмеу	[kelmeu]
faltar às aulas	сабаққа бармау	[sabaqqa barmau]
punir (vt)	жазалау	[ʒazalau]
punição (f)	жазалау	[ʒazalau]
comportamento (m)	мінез-құлық	[minez quliq]

boletim (m) escolar	күнделік	[kundelik]
lápis (m)	қарындаш	[qarindaʃ]
borracha (f)	өшіргіш	[øʃirgiʃ]
giz (m)	бор	[bor]
porta-lápis (m)	қаламсауыт	[qalamsawit]

mala, pasta, mochila (f)	портфель	[portfelʲ]
caneta (f)	қалам	[qalam]
caderno (m)	дәптер	[dæpter]
livro (m) didático	оқулық	[oquliq]
compasso (m)	циркуль	[tsɪrkulʲ]

traçar (vt)	сызу	[sɪzu]
desenho (m) técnico	сызба	[sɪzba]

poesia (f)	өлең	[øleŋ]
de cor	жатқа	[ʒatqa]
decorar (vt)	жаттап алу	[ʒattap alu]

férias (f pl)	демалыс	[demalis]
estar de férias	каникулда болу	[kanɪkulda bolu]
passar as férias	каникулды өткізу	[kanɪkuldɪ øtkizu]

teste (m), prova (f)	бақылау жұмысы	[baqilau ʒumisi]
redação (f)	шығарма	[ʃiɣarma]
ditado (m)	жат жазу	[ʒat ʒazu]
exame (m), prova (f)	емтихан	[emtɪhan]
fazer prova	емтихан тапсыру	[emtɪhan tapsiru]
experiência (~ química)	тәжірибе	[tæʒirɪbe]

95. Colégio. Universidade

academia (f)	академия	[akademɪja]
universidade (f)	университет	[unɪversɪtet]
faculdade (f)	факультет	[fakulʲtet]

estudante (m)	студент	[student]
estudante (f)	студент	[student]
professor (m)	оқытушы	[oqituʃi]

auditório (m)	дәрісхана	[dærishana]
graduado (m)	бітіруші	[bitiruʃi]

diploma (m)	диплом	[dɪplom]
tese (f)	диссертация	[dɪssertatsɪja]

estudo (obra)	зерттеу	[zertteu]
laboratório (m)	зертхана	[zerthana]

palestra (f)	дәріс	[dæris]
colega (m) de curso	курстас	[kurstas]

bolsa (f) de estudos	оқуақы	[oquaqi]
grau (m) acadêmico	ғылыми дәреже	[ɣilimɪ dæreʒe]

96. Ciências. Disciplinas

matemática (f)	математика	[matematıka]
álgebra (f)	алгебра	[algebra]
geometria (f)	геометрия	[geometrıja]
astronomia (f)	астрономия	[astronomıja]
biologia (f)	биология	[bıologıja]
geografia (f)	география	[geografıja]
geologia (f)	геология	[geologıja]
história (f)	тарих	[tarıh]
medicina (f)	медицина	[medıtsına]
pedagogia (f)	педагогика	[pedagogıka]
direito (m)	құқық	[quqiq]
física (f)	физика	[fızıka]
química (f)	химия	[hımıja]
filosofia (f)	даналықтану	[danaliqtanu]
psicologia (f)	психология	[psıhologıja]

97. Sistema de escrita. Ortografia

gramática (f)	грамматика	[grammatıka]
vocabulário (m)	лексика	[leksıka]
fonética (f)	фонетика	[fonetıka]
substantivo (m)	зат есім	[zat esim]
adjetivo (m)	сын есім	[sın esim]
verbo (m)	етістік	[etistik]
advérbio (m)	үстеу	[usteu]
pronome (m)	есімдік	[esimdik]
interjeição (f)	одағай	[odaɣaj]
preposição (f)	сылтау	[sıltau]
raiz (f)	сөз түбірі	[søz tubiri]
terminação (f)	жалғау	[ʒalɣau]
prefixo (m)	тіркеу	[tirkeu]
sílaba (f)	буын	[buin]
sufixo (m)	жұрнақ	[ʒurnaq]
acento (m)	екпін	[ekpin]
apóstrofo (f)	дәйекше	[dæjekʃe]
ponto (m)	нүкте	[nukte]
vírgula (f)	үтір	[utir]
ponto e vírgula (m)	нүктелі үтір	[nukteli utir]
dois pontos (m pl)	қос нүкте	[qos nukte]
reticências (f pl)	көп нүкте	[køp nukte]
ponto (m) de interrogação	сұрау белгісі	[surau belgisi]
ponto (m) de exclamação	леп белгісі	[lep belgisi]

aspas (f pl)	тырнақша	[tirnaqʃa]
entre aspas	тырнақша ішінде	[tirnaqʃa iʃinde]
parênteses (m pl)	жақша	[ʒaqʃa]
entre parênteses	жақша ішінде	[ʒaqʃa iʃinde]

hífen (m)	сызықша	[siziqʃa]
travessão (m)	сызықша	[siziqʃa]
espaço (m)	бос жер	[bos ʒer]

letra (f)	әріп	[ærip]
letra (f) maiúscula	үлкен әріп	[ʉlken ærip]

vogal (f)	дауысты дыбыс	[dawisti dibis]
consoante (f)	дауыссыз дыбыс	[dawissiz dibis]

frase (f)	сөйлем	[søjlem]
sujeito (m)	бастауыш	[bastawiʃ]
predicado (m)	баяндауыш	[bajandawiʃ]

linha (f)	жол	[ʒol]
em uma nova linha	жаңа жолдан	[ʒaŋa ʒoldan]
parágrafo (m)	азатжол	[azatʒol]

palavra (f)	сөз	[søz]
grupo (m) de palavras	сөз тіркесі	[søz tirkesi]
expressão (f)	сөйлемше	[søjlemʃæ]
sinônimo (m)	синоним	[sınonım]
antônimo (m)	антоним	[antonım]

regra (f)	ереже	[ereʒe]
exceção (f)	ерекшелік	[erekʃælik]
correto (adj)	дұрыс	[dʊris]

conjugação (f)	жіктеу	[ʒikteu]
declinação (f)	септеу	[septeu]
caso (m)	септік	[septik]
pergunta (f)	сұрақ	[sʊraq]
sublinhar (vt)	астың сызып қою	[astiŋ sizip qoju]
linha (f) pontilhada	нүкте сызық	[nʉkte siziq]

98. Línguas estrangeiras

língua (f)	тіл	[til]
estrangeiro (adj)	шетелдік	[ʃeteldik]
língua (f) estrangeira	зерттеу	[zertteu]
estudar (vt)	үйрену	[ʉjrenu]

ler (vt)	оқу	[oqu]
falar (vi)	сөйлеу	[søjleu]
entender (vt)	түсіну	[tusinu]
escrever (vt)	жазу	[ʒazu]

rapidamente	тез	[tez]
devagar, lentamente	баяу	[bajau]

fluentemente	еркін	[erkin]
regras (f pl)	ережелер	[ereʒeler]
gramática (f)	грамматика	[grammatıka]
vocabulário (m)	лексика	[leksıka]
fonética (f)	фонетика	[fonetıka]
livro (m) didático	окулық	[okulïq]
dicionário (m)	сөздік	[søzdik]
manual (m) autodidático	өздігінен үйреткіш	[øzdiginen ujretkiʃ]
guia (m) de conversação	тілашар	[tilaʃar]
fita (f) cassete	кассета	[kasseta]
videoteipe (m)	бейнетаспа	[bejnetaspa]
CD (m)	CD, компакт-дискі	[si di], [kompakt dıski]
DVD (m)	DVD	[dividi]
alfabeto (m)	алфавит	[alfavıt]
soletrar (vt)	әріптер бойынша айту	[æripter bojinʃa ajtu]
pronúncia (f)	айтылыс	[ajtiɫis]
sotaque (m)	акцент	[akʦent]
com sotaque	акцентпен	[akʦentpen]
sem sotaque	акцентсіз	[akʦentsiz]
palavra (f)	сөз	[søz]
sentido (m)	мағына	[maɣina]
curso (m)	курстар	[kurstar]
inscrever-se (vr)	жазылу	[ʒazïlu]
professor (m)	оқытушы	[oqïtuʃi]
tradução (processo)	аудару	[audaru]
tradução (texto)	аударма	[audarma]
tradutor (m)	аударушы	[audaruʃi]
intérprete (m)	аударушы	[audaruʃi]
poliglota (m)	көп тіл білгіш	[køp til bilgiʃ]
memória (f)	ес	[es]

Descanso. Entretenimento. Viagens

99. Viagens

turismo (m)	туризм	[turızm]
turista (m)	турист	[turıst]
viagem (f)	саяхат	[sajahat]
aventura (f)	оқиға	[oqıɣa]
percurso (curta viagem)	сапар	[sapar]
férias (f pl)	демалыс	[demalis]
estar de férias	демалыста болу	[demalista bolu]
descanso (m)	демалу	[demalu]
trem (m)	пойыз	[pojiz]
de trem (chegar ~)	пойызбен	[pojizben]
avião (m)	ұшақ	[uʃaq]
de avião	ұшақпен	[uʃaqpen]
de carro	автомобильде	[avtomobilʲde]
de navio	кемеде	[kemede]
bagagem (f)	жолжүк	[ʒolʒʉk]
mala (f)	шабадан	[ʃabadan]
carrinho (m)	жүкке арналған арбаша	[ʒʉkke arnalɣan arbaʃa]
passaporte (m)	паспорт	[pasport]
visto (m)	виза	[vıza]
passagem (f)	билет	[bılet]
passagem (f) aérea	авиабилет	[avıabılet]
guia (m) de viagem	жол көрсеткіш	[ʒol kørsetkiʃ]
mapa (m)	карта	[karta]
área (f)	атырап	[atirap]
lugar (m)	мекен	[meken]
exotismo (m)	экзотика	[ɛkzotıka]
exótico (adj)	экзотикалық	[ɛkzotıkaliq]
surpreendente (adj)	таңғажайып	[taŋɣaʒajip]
grupo (m)	группа	[gruppa]
excursão (f)	экскурсия	[ɛkskursıja]
guia (m)	экскурсия жетекшісі	[ɛkskursıja ʒetekʃisi]

100. Hotel

hotel (m)	қонақ үй	[qonaq ʉj]
motel (m)	мотель	[motɛlʲ]
três estrelas	үш жұлдыз	[ʉʃ ʒʉldiz]

cinco estrelas	бес жұлдыз	[bes ʒuldɨz]
ficar (vi, vt)	тоқтау	[toqtau]
quarto (m)	нөмір	[nømir]
quarto (m) individual	бір адамдықнөмір	[bir adamdɨqnømir]
quarto (m) duplo	екі адамдық нөмір	[eki adamdɨq nømir]
reservar um quarto	нөмірді броньдау	[nømirdi bronʲdau]
meia pensão (f)	жартылай пансион	[ʒartɨɫaj pansɨon]
pensão (f) completa	толық пансион	[toɫɨq pansɨon]
com banheira	ваннамен	[vanamen]
com chuveiro	душпен	[duʃpen]
televisão (m) por satélite	спутник теледидары	[sputnɨk teledɨdari]
ar (m) condicionado	кондиционер	[kondɨtsɨoner]
toalha (f)	орамал	[oramal]
chave (f)	кілт	[kilt]
administrador (m)	әкімші	[ækimʃi]
camareira (f)	қызметші әйел	[qɨzmetʃi æjel]
bagageiro (m)	жүкші	[ʒukʃi]
porteiro (m)	портье	[portʲe]
restaurante (m)	мейрамхана	[mejramhana]
bar (m)	бар	[bar]
café (m) da manhã	ертеңгілік тамақ	[erteŋgilik tamaq]
jantar (m)	кешкі тамақ	[keʃki tamaq]
bufê (m)	шведтік үстел	[ʃvedtiq ustel]
saguão (m)	вестибюль	[vestɨbjulʲ]
elevador (m)	жеделсаты	[ʒedelsati]
NÃO PERTURBE	МАЗАЛАМАУ	[mazalamau]
PROIBIDO FUMAR!	ТЕМЕКІ ТАРТПАУ	[temeki tartpau]

EQUIPAMENTO TÉCNICO. TRANSPORTES

Equipamento técnico. Transportes

101. Computador

computador (m)	компьютер	[kompʲuter]
computador (m) portátil	ноутбук	[noutbuk]
ligar (vt)	қосу	[qosu]
desligar (vt)	сөндіру	[søndiru]
teclado (m)	клавиатура	[klavıatura]
tecla (f)	клавиш	[klavıʃ]
mouse (m)	тышқан	[tiʃqan]
tapete (m) para mouse	кілемше	[kilemʃæ]
botão (m)	түйме	[tʉjme]
cursor (m)	курсор	[kursor]
monitor (m)	монитор	[monıtor]
tela (f)	экран	[ɛkran]
disco (m) rígido	катты диск	[kattɨ dısk]
capacidade (f) do disco rígido	катты дискінің көлемі	[kattɨ dıskiniŋ kølemi]
memória (f)	зерде	[zerde]
memória RAM (f)	оперативтік зерде	[operatıvtik zerde]
arquivo (m)	файл	[fajl]
pasta (f)	папка	[papka]
abrir (vt)	ашу	[aʃu]
fechar (vt)	жабу	[ʒabu]
salvar (vt)	сақтау	[saqtau]
deletar (vt)	кетіру	[ketiru]
copiar (vt)	көшіріп алу	[køʃirip alu]
ordenar (vt)	сұрыптау	[surıptau]
copiar (vt)	қайта көшіру	[qajta køʃiru]
programa (m)	бағдарлама	[baɣdarlama]
software (m)	бағдарламалық қамсыздандыру	[baɣdarlamalıq qamsizdandiru]
programador (m)	бағдарламаушы	[baɣdarlamauʃɨ]
programar (vt)	бағдарламалау	[baɣdarlamalau]
hacker (m)	хакер	[haker]
senha (f)	пароль	[parolʲ]
vírus (m)	вирус	[vɪrus]
detectar (vt)	табу	[tabu]

| byte (m) | байт | [bajt] |
| megabyte (m) | мегабайт | [megabajt] |

| dados (m pl) | деректер | [derekter] |
| base (f) de dados | дереккор | [derekqor] |

cabo (m)	шоғырсым	[ʃoɣɨrsɨm]
desconectar (vt)	үзіп тастау	[ʉzip tastau]
conectar (vt)	қосу	[qosu]

102. Internet. E-mail

internet (f)	интернет	[ɪnternet]
browser (m)	браузер	[brauzer]
motor (m) de busca	іздестіру ресурсы	[izdestiru resursɨ]
provedor (m)	провайдер	[provajder]

webmaster (m)	веб-мастер	[veb master]
website (m)	веб-сайт	[veb sajt]
web page (f)	веб-бет	[veb bet]

| endereço (m) | мекен жай | [meken ʒaj] |
| livro (m) de endereços | мекен жай кітабы | [meken ʒaj kitabɨ] |

caixa (f) de correio	пошта жәшігі	[poʃta ʒæʃigi]
correio (m)	пошта	[poʃta]
cheia (caixa de correio)	лық толған	[lɨq tolɣan]

mensagem (f)	хабарлама	[habarlama]
mensagens (f pl) recebidas	кіріс хабарламалары	[kiris habarlamalari]
mensagens (f pl) enviadas	шығыс хабарламалары	[ʃɨɣɨs habarlamalari]

remetente (m)	жіберуші	[ʒiberuʃi]
enviar (vt)	жіберу	[ʒiberu]
envio (m)	жөнелтім	[ʒøneltim]

| destinatário (m) | алушы | [aluʃɨ] |
| receber (vt) | алу | [alu] |

| correspondência (f) | қатынасхаттар | [qatɨnashattar] |
| corresponder-se (vr) | хат жазысу | [hat ʒazɨsu] |

arquivo (m)	файл	[fajl]
fazer download, baixar (vt)	көшіру	[køʃiru]
criar (vt)	жасау	[ʒasau]
deletar (vt)	кетіру	[ketiru]
deletado (adj)	кетірілген	[ketirilgen]

conexão (f)	байланыс	[bajlanɨs]
velocidade (f)	жылдамдық	[ʒɨldamdɨq]
modem (m)	модем	[modem]
acesso (m)	кіру мүмкіндігі	[kiru mʉmkindigi]
porta (f)	порт	[port]
conexão (f)	қосылу	[qosɨlu]

conectar (vi)	қосылу	[qosïlu]
escolher (vt)	таңдау	[taŋdau]
buscar (vt)	іздеу	[izdeu]

103. Eletricidade

eletricidade (f)	электр	[ɛlektr]
elétrico (adj)	электр	[ɛlektr]
planta (f) elétrica	электростанция	[ɛlektrostantsïja]
energia (f)	энергия	[ɛnergïja]
energia (f) elétrica	электроэнергиясы	[ɛlektroɛnergïjasï]
lâmpada (f)	лампыша	[lampïʃa]
lanterna (f)	қол фонары	[qol fonarï]
poste (m) de iluminação	дала фонары	[dala fonarï]
luz (f)	жарық	[ʒarïq]
ligar (vt)	қосу	[qosu]
desligar (vt)	сөндіру	[søndiru]
apagar a luz	жарық сөндіру	[ʒarïq søndiru]
queimar (vi)	күйіп кету	[kɥjip ketu]
curto-circuito (m)	қысқа тұйықталу	[qïsqa tʊjïqtalu]
ruptura (f)	үзік	[ɥzik]
contato (m)	түйісу	[tɥjisu]
interruptor (m)	сөндіргіш	[søndirgiʃ]
tomada (de parede)	розетка	[rozetka]
plugue (m)	шанышқы	[ʃanïʃqï]
extensão (f)	ұзайтқыш	[ʊzajtqïʃ]
fusível (m)	сақтандырғыш	[saqtandïrɣïʃ]
fio, cabo (m)	өткізгіш	[øtkizgiʃ]
instalação (f) elétrica	электр сымы	[ɛlektr sïmï]
ampère (m)	ампер	[amper]
amperagem (f)	ток күші	[tok kɥʃi]
volt (m)	вольт	[volʲt]
voltagem (f)	кернеу	[kerneu]
aparelho (m) elétrico	электр жабдық	[ɛlektr ʒabdïq]
indicador (m)	индикатор	[ïndïkator]
eletricista (m)	электрик	[ɛlektrïk]
soldar (vt)	дәнекерлеу	[dænekerleu]
soldador (m)	дәнекерлегіш	[dænekerlegiʃ]
corrente (f) elétrica	ток	[tok]

104. Ferramentas

ferramenta (f)	құрал	[qʊral]
ferramentas (f pl)	құралдар	[qʊraldar]

equipamento (m)	жабдық	[ʒabdiq]
martelo (m)	балға	[balɣa]
chave (f) de fenda	бұрауыш	[burawiʃ]
machado (m)	балта	[balta]

serra (f)	ара	[ara]
serrar (vt)	аралау	[aralau]
plaina (f)	жонғы	[ʒonɣi]
aplainar (vt)	жоңқалау	[ʒoŋqalau]
soldador (m)	дәнекерлегіш	[dænekerlegiʃ]
soldar (vt)	дәнекерлеу	[dænekerleu]

lima (f)	егеу	[egeu]
tenaz (f)	атауыз	[atawiz]
alicate (m)	тістеуік	[tistewik]
formão (m)	қашау	[qaʃau]

broca (f)	бәрбі	[bærbi]
furadeira (f) elétrica	бұрғы	[burɣi]
furar (vt)	бұрғылау	[burɣilau]

faca (f)	пышақ	[piʃaq]
lâmina (f)	жүз	[ʒuz]

afiado (adj)	өткір	[øtkir]
cego (adj)	дөкір	[døkir]
embotar-se (vr)	мұқалу	[muqalu]
afiar, amolar (vt)	қайрау	[qajrau]

parafuso (m)	болт	[bolt]
porca (f)	гайка	[gajka]
rosca (f)	бұранда	[buranda]
parafuso (para madeira)	бұрандалы шеге	[burandali ʃæge]

prego (m)	шеге	[ʃæge]
cabeça (f) do prego	қалпақша	[qalpaqʃa]

régua (f)	сызғыш	[sizɣiʃ]
fita (f) métrica	рулетка	[ruletka]
nível (m)	деңгей	[deŋgej]
lupa (f)	лупа	[lupa]

medidor (m)	өлшеу аспабы	[ølʃæu aspabi]
medir (vt)	өлшеу	[ølʃæu]
escala (f)	шкала	[ʃkala]
indicação (f), registro (m)	көрсетуі	[kørsetui]

compressor (m)	компрессор	[kompressor]
microscópio (m)	микроскоп	[mikroskop]

bomba (f)	сорғы	[sorɣi]
robô (m)	робот	[robot]
laser (m)	лазер	[lazer]

chave (f) de boca	гайка кілті	[gajka kilti]
fita (f) adesiva	лента-скотч	[lenta skotʃ]

cola (f)	желім	[ʒɛlim]
lixa (f)	зімпара	[zimpara]
mola (f)	серіппе	[serippe]
ímã (m)	магнит	[magnıt]
luva (f)	биялай	[bıjalaj]

corda (f)	бау	[bau]
cabo (~ de nylon, etc.)	бау	[bau]
fio (m)	сым	[sim]
cabo (~ elétrico)	шоғырсым	[ʃoɣirsim]

marreta (f)	зілбалға	[zilbalɣa]
pé de cabra (m)	сүймен	[sʉjmen]
escada (f) de mão	баспалдақ	[baspaldaq]
escada (m)	басқыш	[basqiʃ]

enroscar (vt)	шиыршықтату	[ʃiirʃiqtatu]
desenroscar (vt)	бұрау	[burau]
apertar (vt)	қысу	[qisu]
colar (vt)	жапсыру	[ʒapsiru]
cortar (vt)	кесу	[kesu]

falha (f)	ақаулық	[aqauliq]
conserto (m)	жөндеу	[ʒøndeu]
consertar, reparar (vt)	жөндеу	[ʒøndeu]
regular, ajustar (vt)	жөнге салу	[ʒønge salu]

verificar (vt)	тексеру	[tekseru]
verificação (f)	тексеру	[tekseru]
indicação (f), registro (m)	көрсетуі	[kørsetui]

seguro (adj)	берік	[berik]
complicado (adj)	қиын	[qiin]

enferrujar (vi)	таттану	[tattanu]
enferrujado (adj)	тоттанған	[tottanɣan]
ferrugem (f)	тот	[tot]

Transportes

105. Avião

avião (m)	ұшақ	[uʃaq]
passagem (f) aérea	авиабилет	[avıabılet]
companhia (f) aérea	авиакомпания	[avıakompanıja]
aeroporto (m)	әуежай	[æweʒaj]
supersônico (adj)	дыбыстан жүйрік	[dibıstan ʒüjrik]

comandante (m) do avião	кеме командирі	[keme komandıri]
tripulação (f)	экипаж	[ɛkıpaʒ]
piloto (m)	ұшқыш	[uʃqiʃ]
aeromoça (f)	аспансерік	[aspanserik]
copiloto (m)	штурман	[ʃturman]

asas (f pl)	қанаттар	[qanattar]
cauda (f)	құйрық	[qujriq]
cabine (f)	кабина	[kabına]
motor (m)	қозғалтқыш	[qozɣaltqiʃ]
trem (m) de pouso	шасси	[ʃassı]
turbina (f)	турбина	[turbına]

hélice (f)	пропеллер	[propeller]
caixa-preta (f)	қара жәшік	[qara ʒæʃik]
coluna (f) de controle	штурвал	[ʃturval]
combustível (m)	жағармай	[ʒaɣarmaj]

instruções (f pl) de segurança	нұсқама	[nusqama]
máscara (f) de oxigênio	оттегі маскасы	[ottegi maskası]
uniforme (m)	униформа	[unıforma]

colete (m) salva-vidas	құтқару жилеті	[qutqaru ʒıleti]
paraquedas (m)	парашют	[paraʃut]

decolagem (f)	ұшып көтерілу	[uʃip køterilu]
descolar (vi)	ұшып көтерілу	[uʃip køterilu]
pista (f) de decolagem	ұшу алаңы	[uʃu alaŋi]

visibilidade (f)	көріну	[kørinu]
voo (m)	ұшу	[uʃu]

altura (f)	биіктік	[bıiktik]
poço (m) de ar	әуе құдығы	[æwe qundiɣi]

assento (m)	орын	[orin]
fone (m) de ouvido	құлаққап	[qulaqqap]
mesa (f) retrátil	қайырмалы үстел	[qajirmalı ustel]
janela (f)	иллюминатор	[ılljumınator]
corredor (m)	өткел	[øtkel]

106. Comboio

trem (m)	пойыз	[pojiz]
trem (m) elétrico	электричка	[ɛlektrɪtʃka]
trem (m)	жүрдек пойыз	[ʒʉrdek pojiz]
locomotiva (f) diesel	тепловоз	[teplovoz]
locomotiva (f) a vapor	паровоз	[parovoz]
vagão (f) de passageiros	вагон	[vagon]
vagão-restaurante (m)	вагон-ресторан	[vagon restoran]
carris (m pl)	рельстер	[relʲster]
estrada (f) de ferro	темір жол	[temir ʒol]
travessa (f)	шпал	[ʃpal]
plataforma (f)	платформа	[platforma]
linha (f)	жол	[ʒol]
semáforo (m)	семафор	[semafor]
estação (f)	станция	[stantsɪja]
maquinista (m)	машинист	[maʃɪnɪst]
bagageiro (m)	жүк тасушы	[ʒʉk tasuʃɪ]
hospedeiro, -a (m, f)	жолбасшы	[ʒolbasʃɪ]
passageiro (m)	жолаушы	[ʒolauʃɪ]
revisor (m)	бақылаушы	[baqɪlauʃɪ]
corredor (m)	дәліз	[dæliz]
freio (m) de emergência	тоқтату краны	[toqtatu krani]
compartimento (m)	купе	[kupe]
cama (f)	сөре	[søre]
cama (f) de cima	жоғарғы сөре	[ʒoɣarɣi søre]
cama (f) de baixo	төменгі сөре	[tømengi søre]
roupa (f) de cama	төсек-орын жабдығы	[tøsek orin ʒabdiɣi]
passagem (f)	билет	[bɪlet]
horário (m)	кесте	[keste]
painel (m) de informação	табло	[tablo]
partir (vt)	шегіну	[ʃæginu]
partida (f)	пойыздың жүруі	[pojizdiŋ ʒʉrui]
chegar (vi)	келу	[kelu]
chegada (f)	келу	[kelu]
chegar de trem	пойызбен келу	[pojizben kelu]
pegar o trem	пойызға отыру	[pojizɣa otiru]
descer de trem	пойыздан шығу	[pojizdan ʃiɣu]
acidente (m) ferroviário	апат	[apat]
locomotiva (f) a vapor	паровоз	[parovoz]
foguista (m)	от жағушы	[ot ʒaɣuʃɪ]
fornalha (f)	оттық	[ottiq]
carvão (m)	көмір	[kømir]

107. Barco

| navio (m) | кеме | [keme] |
| embarcação (f) | кеме | [keme] |

barco (m) a vapor	пароход	[parohod]
barco (m) fluvial	теплоход	[teplohod]
transatlântico (m)	лайнер	[lajner]
cruzeiro (m)	крейсер	[krejser]

iate (m)	яхта	[jahta]
rebocador (m)	буксир	[buksɪr]
barcaça (f)	баржа	[barʒa]
ferry (m)	паром	[parom]

| veleiro (m) | желкенші | [ʒelkenʃi] |
| bergantim (m) | бригантина | [brɪgantɪna] |

| quebra-gelo (m) | мұз жарғыш | [mʊz ʒarɣɪʃ] |
| submarino (m) | сүңгуір қайық | [suŋguir qajɪq] |

bote, barco (m)	қайық	[qajɪq]
baleeira (bote salva-vidas)	шлюпка	[ʃljupka]
bote (m) salva-vidas	құтқарушы қайық	[qutqaruʃi qajɪq]
lancha (f)	кеме	[keme]

capitão (m)	капитан	[kapɪtan]
marinheiro (m)	кемеші	[kemeʃi]
marujo (m)	теңізші	[teŋizʃi]
tripulação (f)	экипаж	[ɛkɪpaʒ]

contramestre (m)	боцман	[botsman]
grumete (m)	юнга	[junga]
cozinheiro (m) de bordo	кок	[kok]
médico (m) de bordo	кеме дәрігері	[keme dærigeri]

convés (m)	палуба	[paluba]
mastro (m)	діңгек	[diŋgek]
vela (f)	желкен	[ʒelken]

porão (m)	трюм	[trjum]
proa (f)	тұмсық	[tʊmsɪq]
popa (f)	корма	[korma]
remo (m)	ескек	[eskek]
hélice (f)	винт	[vɪnt]

cabine (m)	каюта	[kajuta]
sala (f) dos oficiais	ортақ бөлме	[ortaq bølme]
sala (f) das máquinas	машина бөлімі	[maʃɪna bølimi]
ponte (m) de comando	капитан мінбесі	[kapɪtan minbesi]
sala (f) de comunicações	радиорубка	[radɪorubka]
onda (f)	толқын	[tolqɪn]
diário (m) de bordo	кеме журналы	[keme ʒurnalɪ]
luneta (f)	көру дүрбісі	[køru durbisi]
sino (m)	қоңырау	[qoŋɪrau]

bandeira (f)	ту	[tu]
cabo (m)	арқан	[arqan]
nó (m)	түйін	[tʉjin]
corrimão (m)	тұтқа	[tʊtqa]
prancha (f) de embarque	басқыш	[basqiʃ]
âncora (f)	зәкір	[zækir]
recolher a âncora	зәкірді көтеру	[zækirdi køteru]
jogar a âncora	зәкірді тастау	[zækirdi tastau]
amarra (corrente de âncora)	зәкір шынжыры	[zækir ʃinʒiri]
porto (m)	кемежай	[kemeʒaj]
cais, amarradouro (m)	айлақ	[ajlaq]
atracar (vi)	айлақтау	[ajlaqtau]
desatracar (vi)	қозғалып кету	[qozɣalip ketu]
viagem (f)	саяхат	[sajahat]
cruzeiro (m)	круиз	[kruɪz]
rumo (m)	бағыт	[baɣit]
itinerário (m)	бағдар	[baɣdar]
canal (m) de navegação	фарватер	[farvater]
banco (m) de areia	қайыр	[qajir]
encalhar (vt)	тақырға отырып қалу	[taqirɣa otirip qalu]
tempestade (f)	дауыл	[dawil]
sinal (m)	сигнал	[sɪgnal]
afundar-se (vr)	бату	[batu]
SOS	SOS	[sos]
boia (f) salva-vidas	құтқару дөңгелегі	[qjutqaru døŋgelegi]

108. Aeroporto

aeroporto (m)	әуежай	[æweʒaj]
avião (m)	ұшақ	[ʊʃaq]
companhia (f) aérea	авиакомпания	[avɪakompanɪja]
controlador (m) de tráfego aéreo	диспетчер	[dɪspetʃer]
partida (f)	ұшу	[ʊʃu]
chegada (f)	ұшып келу	[ʊʃip kelu]
chegar (vi)	ұшып келу	[ʊʃip kelu]
hora (f) de partida	ұшып шығу уақыты	[ʊʃip ʃiɣu uaqiti]
hora (f) de chegada	ұшып келу уақыты	[ʊʃip kelu uaqiti]
estar atrasado	кідіру	[kidiru]
atraso (m) de voo	ұшып шығудың кідіруі	[ʊʃip ʃiɣudiŋ kidirui]
painel (m) de informação	ақпараттық табло	[aqparatiq tablo]
informação (f)	ақпарат	[aqparat]
anunciar (vt)	әйгілеу	[æjgileu]

voo (m)	рейс	[rejs]
alfândega (f)	кеден	[keden]
funcionário (m) da alfândega	кеденші	[kedenʃi]

declaração (f) alfandegária	декларация	[deklaratsɨja]
preencher a declaração	декларацияны толтыру	[deklaratsɨjanɨ toltiru]
controle (m) de passaporte	телқұжат бақылауы	[tølquʒat baqɨlauɨ]

bagagem (f)	жүк	[ʒʉk]
bagagem (f) de mão	қол жүк	[qol ʒʉk]
carrinho (m)	арбаша	[arbaʃa]

pouso (m)	отырғызу	[otɨryizu]
pista (f) de pouso	отырғызу алабы	[otɨryizu alabi]
aterrissar (vi)	қону	[qonu]
escada (f) de avião	басқыш	[basqɨʃ]

check-in (m)	тіркеу	[tirkeu]
balcão (m) do check-in	тіркеу үлдірігі	[tirkeu ʉldirigi]
fazer o check-in	тіркелу	[tirkelu]
cartão (m) de embarque	отырғызу талоны	[otɨryizu taloni]
portão (m) de embarque	шығу	[ʃɨyu]

trânsito (m)	транзит	[tranzɨt]
esperar (vi, vt)	күту	[kʉtu]
sala (f) de espera	күту залы	[kʉtu zalɨ]
despedir-se (acompanhar)	ұзату	[uzatu]
despedir-se (dizer adeus)	қоштасу	[qoʃtasu]

Eventos

109. Férias. Evento

festa (f)	мереке	[mereke]
feriado (m) nacional	ұлттық мереке	[ulttiq mereke]
feriado (m)	мерекелік күн	[merekelik kun]
festejar (vt)	тойлау	[tojlau]
evento (festa, etc.)	оқиға	[oqıɣa]
evento (banquete, etc.)	шара	[ʃara]
banquete (m)	банкет	[banket]
recepção (f)	қабылдау	[qabildau]
festim (m)	той	[toj]
aniversário (m)	жылдық	[ʒildiq]
jubileu (m)	мерейтой	[merejtoj]
celebrar (vt)	тойлап өткізу	[tojlap øtkizu]
Ano (m) Novo	жаңа жыл	[ʒaŋa ʒil]
Feliz Ano Novo!	Жаңа жылмен!	[ʒaŋa ʒilmen]
Natal (m)	Рождество	[roʒdestvo]
Feliz Natal!	Рождество мейрамы көңілді болсын!	[roʒdestvo mejrami køŋildi bolsin]
árvore (f) de Natal	Жаңа жылдық шырша	[ʒaŋa ʒildiq ʃirʃa]
fogos (m pl) de artifício	салют	[saljut]
casamento (m)	үйлену тойы	[ujlenu toji]
noivo (m)	күйеу	[kujeu]
noiva (f)	қалыңдық	[qaliŋdiq]
convidar (vt)	шақыру	[ʃaqiru]
convite (m)	шақыру	[ʃaqiru]
convidado (m)	қонақ	[qonaq]
visitar (vt)	қонаққа бару	[qonaqqa baru]
receber os convidados	қонақтарды қарсы алу	[qonaqtardi qarsi alu]
presente (m)	сый	[sij]
oferecer, dar (vt)	сыйлау	[sijlau]
receber presentes	сыйлар алу	[sijlar alu]
buquê (m) de flores	байлам	[bajlam]
felicitações (f pl)	құттықтау	[quttiqtau]
felicitar (vt)	құттықтау	[quttiqtau]
cartão (m) de parabéns	құттықтау ашық хаты	[qutiqtau aʃiq hati]
enviar um cartão postal	ашық хатты жіберу	[aʃiq hati ʒiberu]
receber um cartão postal	ашық хатты алу	[aʃiq hati alu]

brinde (m)	тост	[tost]
oferecer (vt)	дәм таттыру	[dæm tatiru]
champanhe (m)	шампанское	[ʃampan]

divertir-se (vr)	көңіл көтеру	[køŋil koteru]
diversão (f)	сауық-сайран	[sawïq sajran]
alegria (f)	қуаныш	[quaniʃ]

| dança (f) | би | [bï] |
| dançar (vi) | билеу | [bïleu] |

| valsa (f) | вальс | [valʲs] |
| tango (m) | танго | [tango] |

110. Funerais. Enterro

cemitério (m)	зират	[zïrat]
sepultura (f), túmulo (m)	көр	[kør]
lápide (f)	барқын	[barqïn]
cerca (f)	дуал	[dual]
capela (f)	кішкентай шіркеу	[kiʃkentaj ʃirkeu]

morte (f)	ажал	[aʒal]
morrer (vi)	өлу	[ølu]
defunto (m)	марқұм	[marqʊm]
luto (m)	аза	[aza]

enterrar, sepultar (vt)	жерлеу	[ʒerleu]
funerária (f)	жерлеу бюросы	[ʒerleu bjurosï]
funeral (m)	жерлеу	[ʒerleu]

coroa (f) de flores	венок	[venok]
caixão (m)	табыт	[tabït]
carro (m) funerário	катафалк	[katafalk]
mortalha (f)	кебін	[kebin]

| urna (f) funerária | сауыт | [sawït] |
| crematório (m) | крематорий | [krematorïj] |

obituário (m), necrologia (f)	азанама	[azanama]
chorar (vi)	жылау	[ʒïłau]
soluçar (vi)	аңырау	[aŋïrau]

111. Guerra. Soldados

pelotão (m)	взвод	[vzvod]
companhia (f)	рота	[rota]
regimento (m)	полк	[polk]
exército (m)	армия	[armïja]
divisão (f)	дивизия	[dïvïzïja]
esquadrão (m)	жасақ	[ʒasaq]
hoste (f)	әскер	[æsker]

soldado (m)	солдат	[soldat]
oficial (m)	офицер	[ofıtser]
soldado (m) raso	қатардағы	[qatardaɣi]
sargento (m)	сержант	[serʒant]
tenente (m)	лейтенант	[lejtenant]
capitão (m)	капитан	[kapıtan]
major (m)	майор	[major]
coronel (m)	полковник	[polkovnık]
general (m)	генерал	[general]
marujo (m)	теңізші	[teŋizʃi]
capitão (m)	капитан	[kapıtan]
contramestre (m)	боцман	[botsman]
artilheiro (m)	артиллерист	[artıllerıst]
soldado (m) paraquedista	десантшы	[desantʃi]
piloto (m)	ұшқыш	[uʃqiʃ]
navegador (m)	штурман	[ʃturman]
mecânico (m)	механик	[mehanık]
sapador-mineiro (m)	сапер	[sapør]
paraquedista (m)	парашютші	[paraʃjutʃi]
explorador (m)	барлаушы	[barlauʃi]
atirador (m) de tocaia	мерген	[mergen]
patrulha (f)	патруль	[patrulʲ]
patrulhar (vt)	күзету	[kʉzetu]
sentinela (f)	сақшы	[saqʃi]
guerreiro (m)	жауынгер	[ʒawinger]
patriota (m)	отаншыл	[otanʃil]
herói (m)	батыр	[batir]
heroína (f)	батыр	[batir]
traidor (m)	сатқын	[satqin]
desertor (m)	қашқын	[qaʃqin]
desertar (vt)	әскерден қашу	[æskerden qaʃu]
mercenário (m)	жалдамшы	[ʒaldamʃi]
recruta (m)	жаңа шақырылған	[ʒaŋa ʃaqirilɣan]
voluntário (m)	өзі тіленгендер	[øzi tilengender]
morto (m)	өлген	[ølgen]
ferido (m)	жарақаттанған	[ʒaraqattanɣan]
prisioneiro (m) de guerra	тұтқын	[tʊtqin]

112. Guerra. Ações militares. Parte 1

guerra (f)	соғыс	[soɣis]
guerrear (vt)	соғысу	[soɣisu]
guerra (f) civil	азамат соғысы	[azamat soɣisi]
perfidamente	опасыз	[opasiz]
declaração (f) de guerra	жариялау	[ʒarijalau]

declarar guerra	жариялау	[ʒarıjalau]
agressão (f)	агрессия	[agressıja]
atacar (vt)	шабуыл жасау	[ʃabuıl ʒasau]

invadir (vt)	басып алу	[basıp alu]
invasor (m)	басқыншы	[basqınʃi]
conquistador (m)	шапқыншы	[ʃapqınʃi]

defesa (f)	қорғаныс	[qorɣanis]
defender (vt)	қорғау	[qorɣau]
defender-se (vr)	қорғану	[qorɣanu]

inimigo, adversário (m)	жау	[ʒau]
inimigo (adj)	жау	[ʒau]

estratégia (f)	стратегия	[strategıja]
tática (f)	тактика	[taktıka]

ordem (f)	бұйрық	[bʊjriq]
comando (m)	команда	[komanda]
ordenar (vt)	бұйыру	[bujiru]
missão (f)	тапсырма	[tapsırma]
secreto (adj)	құпия	[qʊpıja]

batalha (f)	айқас	[ajqas]
combate (m)	шайқас	[ʃajqas]

ataque (m)	шабуыл	[ʃabuıl]
assalto (m)	шабуыл	[ʃabuıl]
assaltar (vt)	шабуыл жасау	[ʃabuıl ʒasau]
assédio, sítio (m)	қамау	[qamau]

ofensiva (f)	шабуыл	[ʃabuıl]
tomar à ofensiva	шабуылдау	[ʃabuıldau]

retirada (f)	шегіну	[ʃæginu]
retirar-se (vr)	шегіну	[ʃæginu]

cerco (m)	қоршау	[qorʃau]
cercar (vt)	қоршау	[qorʃau]

bombardeio (m)	бомбалау	[bombalau]
lançar uma bomba	бомба тастау	[bomba tastau]
bombardear (vt)	бомба тастау	[bomba tastau]
explosão (f)	жарылыс	[ʒarilis]

tiro (m)	атыс	[atis]
dar um tiro	атып жіберу	[atip ʒiberu]
tiroteio (m)	атыс	[atis]

apontar para ...	дәлдеу	[dældeu]
apontar (vt)	зеңбіректі кезеу	[zeŋbirekti kezeu]
acertar (vt)	нысанаға тигізу	[nisanaɣa tıgizu]

afundar (~ um navio, etc.)	суға батыру	[suɣa batiru]
brecha (f)	тесілген жер	[tesilgen ʒer]

afundar-se (vr)	судың түбіне кету	[sudiŋ tʉbine ketu]
frente (m)	майдан	[majdan]
evacuação (f)	көшіру	[køʃiru]
evacuar (vt)	көшіру	[køʃiru]

trincheira (f)	окоп, траншея	[okop], [tranʃæja]
arame (m) enfarpado	тікенді сым	[tikendi sɨm]
barreira (f) anti-tanque	бөгет	[bøget]
torre (f) de vigia	мұнара	[mʊnara]

hospital (m) militar	госпиталь	[gospɪtalʲ]
ferir (vt)	жаралау	[ʒaralau]
ferida (f)	жара	[ʒara]
ferido (m)	жараланған	[ʒaralanɣan]
ficar ferido	жаралану	[ʒaralanu]
grave (ferida ~)	ауыр	[awɨr]

113. Guerra. Ações militares. Parte 2

cativeiro (m)	тұтқын	[tʊtqin]
capturar (vt)	тұтқынға алу	[tʊtqinɣa alu]
estar em cativeiro	тұтқында болу	[tʊtqinda bolu]
ser aprisionado	тұтқынға түсу	[tʊtqinɣa tʉsu]

campo (m) de concentração	концлагерь	[kontslagerʲ]
prisioneiro (m) de guerra	тұтқын	[tʊtqin]
escapar (vi)	Тұтқыннан қашу	[tʊtqinan qaʃu]

trair (vt)	сатылу	[satɨlu]
traidor (m)	сатқын	[satqin]
traição (f)	опасыздық	[opasizdɨq]

| fuzilar, executar (vt) | атып өлтіру | [atip øltiru] |
| fuzilamento (m) | ату жазасы | [atu ʒazasɨ] |

equipamento (m)	киім	[kɪim]
insígnia (f) de ombro	иық белгі	[ɪiq belgi]
máscara (f) de gás	газқағар	[gazqaɣar]

rádio (m)	рация	[ratsɪja]
cifra (f), código (m)	мұқам	[mʊqam]
conspiração (f)	конспирация	[konspɪratsɪja]
senha (f)	пароль	[parolʲ]

mina (f)	мина	[mɪna]
minar (vt)	миналап тастау	[mɪnalap tastau]
campo (m) minado	миналы дала	[mɪnalɨ dala]

alarme (m) aéreo	әуе дабылы	[æwe dabɨlɨ]
alarme (m)	дабыл	[dabɨl]
sinal (m)	дабыл	[dabɨl]
sinalizador (m)	сигнал ракетасы	[sɪgnal raketasɨ]
quartel-general (m)	штаб	[ʃtab]
reconhecimento (m)	барлау	[barlau]

situação (f)	жағдай	[ʒaɣdaj]
relatório (m)	баянат	[bajanat]
emboscada (f)	тосқауыл	[tosqawil]
reforço (m)	жәрдем	[ʒærdem]

alvo (m)	нысана	[nisana]
campo (m) de tiro	полигон	[polɪgon]
manobras (f pl)	маневрлар	[manevrlar]

pânico (m)	дүрбелең	[durbeleŋ]
devastação (f)	бүлінушілік	[bulinuʃilik]
ruínas (f pl)	қиратулар	[qɪratular]
destruir (vt)	бұзу	[buzu]

sobreviver (vi)	тірі қалу	[tiri qalu]
desarmar (vt)	қаруын тастату	[qaruin tastatu]
manusear (vt)	ұстау	[ustau]

| Sentido! | Тік тұр! | [tik tur] |
| Descansar! | Еркін! | [erkin] |

façanha (f)	батырлық	[batirliq]
juramento (m)	ант	[ant]
jurar (vi)	анттасу	[anttasu]

condecoração (f)	марапат	[marapat]
condecorar (vt)	марапаттау	[marapattau]
medalha (f)	медаль	[medalʲ]
ordem (f)	орден	[orden]

vitória (f)	жеңіс	[ʒeŋis]
derrota (f)	жеңіліс	[ʒeŋilis]
armistício (m)	бітім	[bitim]

bandeira (f)	ту	[tu]
glória (f)	дабыс	[dabis]
parada (f)	парад	[parad]
marchar (vi)	әскерше жүру	[æskerʃe ʒuru]

114. Armas

arma (f)	қару	[qaru]
arma (f) de fogo	ату қаруы	[atu qarui]
arma (f) branca	суық қару	[suiq qaru]

arma (f) química	химиялық қару	[hɪmɪjaliq qaru]
nuclear (adj)	ядролық	[jadroliq]
arma (f) nuclear	ядролық қару	[jadroliq qaru]

| bomba (f) | бомба | [bomba] |
| bomba (f) atômica | атом бомбасы | [atom bombasi] |

| pistola (f) | тапанша | [tapanʃa] |
| rifle (m) | мылтық | [miltiq] |

semi-automática (f)	автомат	[avtomat]
metralhadora (f)	пулемет	[pulemøt]
boca (f)	ауыз	[awïz]
cano (m)	оқпан	[oqpan]
calibre (m)	калибр	[kalïbr]
gatilho (m)	шүріппе	[ʃüripe]
mira (f)	көздеуіш	[køzdewiʃ]
carregador (m)	қорап	[qorap]
coronha (f)	шүйде	[ʃüjde]
granada (f) de mão	граната	[granata]
explosivo (m)	жарылғыш зат	[ʒarilɣiʃ zat]
bala (f)	оқ	[oq]
cartucho (m)	патрон	[patron]
carga (f)	заряд	[zarjad]
munições (f pl)	оқ-дәрілер	[oq dæriler]
bombardeiro (m)	бомбалаушы	[bombalauʃï]
avião (m) de caça	жойғыш	[ʒojɣïʃ]
helicóptero (m)	тікұшақ	[tikuʃaq]
canhão (m) antiaéreo	зенит зеңбірегі	[zenït zeŋbiregi]
tanque (m)	танк	[tank]
canhão (de um tanque)	зеңбірек	[zeŋbirek]
artilharia (f)	артиллерия	[artïllerïja]
fazer a pontaria	бағыттау	[baɣïtau]
projétil (m)	снаряд	[snarjad]
granada (f) de morteiro	мина	[mïna]
morteiro (m)	миномет	[mïnomøt]
estilhaço (m)	жарқыншақ	[ʒarqïnʃaq]
submarino (m)	сүңгуір қайық	[süŋguir qajïq]
torpedo (m)	торпеда	[torpeda]
míssil (m)	ракета	[raketa]
carregar (uma arma)	оқтау	[oqtau]
disparar, atirar (vi)	ату	[atu]
apontar para ...	дәлдеу	[dældeu]
baioneta (f)	найза	[najza]
espada (f)	сапы	[sapï]
sabre (m)	қылыш	[qïlïʃ]
lança (f)	найза	[najza]
arco (m)	садақ	[sadaq]
flecha (f)	оқ	[oq]
mosquete (m)	мушкет	[muʃket]
besta (f)	арбалет	[arbalet]

115. Povos da antiguidade

primitivo (adj)	алғашқы қауымдық	[alɣaʃqɨ qawimdɨq]
pré-histórico (adj)	тарихтан бұрынғы	[tarɨhtan bʊrɨŋɣɨ]
antigo (adj)	ежелгі	[eʒelgi]
Idade (f) da Pedra	Тас ғасыры	[tas ɣasiri]
Idade (f) do Bronze	Қола дәуірі	[qola dæwiri]
Era (f) do Gelo	мұз дәуірі	[mʊz dæwiri]
tribo (f)	тайпа	[tajpa]
canibal (m)	жалмауыз	[ʒalmawiz]
caçador (m)	аңшы	[aŋʃi]
caçar (vi)	аулау	[aulau]
mamute (m)	мамонт	[mamont]
caverna (f)	үңгір	[ʉŋgir]
fogo (m)	от	[ot]
fogueira (f)	алау	[alau]
pintura (f) rupestre	жартасқа салынған сурет	[ʒartasqa salinɣan suret]
ferramenta (f)	еңбек құралы	[eŋbek qʊralɨ]
lança (f)	найза	[najza]
machado (m) de pedra	тас балтасы	[tas baltasi]
guerrear (vt)	соғысу	[soɣisu]
domesticar (vt)	қолға үйрету	[qolɣa ʉjretu]
ídolo (m)	пұт	[pʊt]
adorar, venerar (vt)	сыйыну	[sijinu]
superstição (f)	ырымшылдық	[irimʃildiq]
evolução (f)	эволюция	[ɛvaljutsɨja]
desenvolvimento (m)	дамушылық	[damuʃilɨq]
extinção (f)	ғайып болу	[ɣajɨp bolu]
adaptar-se (vr)	бейімделу	[bejimdelu]
arqueologia (f)	археология	[arheologɨja]
arqueólogo (m)	археолог	[arheolog]
arqueológico (adj)	археологиялық	[arheologijalɨq]
escavação (sítio)	қазулар	[qazular]
escavações (f pl)	қазулар	[qazular]
achado (m)	олжа	[olʒa]
fragmento (m)	үзінді	[ʉzindi]

116. Idade média

povo (m)	халық	[halɨq]
povos (m pl)	халықтар	[halɨqtar]
tribo (f)	тайпа	[tajpa]
tribos (f pl)	тайпалар	[tajpalar]
bárbaros (pl)	варвардар	[varvardar]
galeses (pl)	галлдар	[galldar]

godos (pl)	готтар	[gottar]
eslavos (pl)	славяндар	[slavjandar]
viquingues (pl)	викингтер	[vıkıngter]

romanos (pl)	римдіктер	[rımdikter]
romano (adj)	рим	[rım]

bizantinos (pl)	византиялықтар	[vızantıjaliqtar]
Bizâncio	Византия	[vızantıja]
bizantino (adj)	византиялық	[vızantıjaliq]

imperador (m)	император	[ımperator]
líder (m)	көсем	[køsem]
poderoso (adj)	құдіретті	[qʊdiretti]
rei (m)	король	[korolʲ]
governante (m)	билеуші	[bıleuʃi]

cavaleiro (m)	сері	[seri]
senhor feudal (m)	феодал	[feodal]
feudal (adj)	феодалдық	[feodaldiq]
vassalo (m)	вассал	[vassal]

duque (m)	герцог	[gertsog]
conde (m)	граф	[graf]
barão (m)	барон	[baron]
bispo (m)	епископ	[epıskop]

armadura (f)	қару-жарақ	[qaru ʒaraq]
escudo (m)	қалқан	[qalqan]
espada (f)	қылыш	[qiliʃ]
viseira (f)	қалқан	[qalqan]
cota (f) de malha	берен	[beren]

cruzada (f)	крест жорығы	[krest ʒoriɣi]
cruzado (m)	кресші	[kresʃi]

território (m)	территория	[terrıtorıja]
atacar (vt)	шабуыл жасау	[ʃabuil ʒasau]
conquistar (vt)	жаулап алу	[ʒaulap alu]
ocupar, invadir (vt)	басып алу	[basip alu]

assédio, sítio (m)	қамау	[qamau]
sitiado (adj)	қоршалған	[qorʃalɣan]
assediar, sitiar (vt)	қоршап алу	[qorʃap alu]

inquisição (f)	инквизиция	[ınkvızıtsıja]
inquisidor (m)	инквизитор	[ınkvızıtor]
tortura (f)	азап	[azap]
cruel (adj)	қатал	[qatal]
herege (m)	дінбұзар	[dinbʊzar]
heresia (f)	дінбұзарлық	[dinbʊzarliq]

navegação (f) marítima	теңізде жүзу	[teŋizde ʒʉzu]
pirata (m)	пират	[pırat]
pirataria (f)	қарақшылық	[qaraqʃiliq]
abordagem (f)	абордаж	[abordaʒ]

| presa (f), butim (m) | олжа | [olӡa] |
| tesouros (m pl) | қазыналар | [qazinalar] |

descobrimento (m)	ашу	[aʃu]
descobrir (novas terras)	ашу	[aʃu]
expedição (f)	экспедиция	[ɛkspedɪtsɪja]

mosqueteiro (m)	мушкетер	[muʃketør]
cardeal (m)	кардинал	[kardɪnal]
heráldica (f)	геральдика	[geralʲdɪka]
heráldico (adj)	геральдикалық	[geralʲdɪkaliq]

117. Líder. Chefe. Autoridades

rei (m)	король	[korolʲ]
rainha (f)	королева	[koroleva]
real (adj)	корольдық	[korolʲdiq]
reino (m)	корольдық	[korolʲdiq]

| príncipe (m) | ханзада | [hanzada] |
| princesa (f) | ханшайым | [hanʃajɨm] |

presidente (m)	президент	[prezɪdent]
vice-presidente (m)	вице-президент	[vɪtse prezɪdent]
senador (m)	сенатор	[senator]

monarca (m)	монарх	[monarh]
governante (m)	билеуші	[bɪleuʃi]
ditador (m)	диктатор	[dɪktator]
tirano (m)	тиран	[tɪran]
magnata (m)	магнат	[magnat]

diretor (m)	директор	[dɪrektor]
chefe (m)	бастық	[bastiq]
gerente (m)	басқарушы	[basqaruʃi]

| patrão (m) | босс | [boss] |
| dono (m) | ие | [ɪe] |

chefe (m)	басшы	[basʃi]
autoridades (f pl)	өкіметтер	[økimeter]
superiores (m pl)	бастықтар	[bastiqtar]

governador (m)	губернатор	[gubernator]
cônsul (m)	консул	[konsul]
diplomata (m)	дипломат	[dɪplomat]

| Presidente (m) da Câmara | қалабасы | [qalabasi] |
| xerife (m) | шериф | [ʃærɪf] |

imperador (m)	император	[ɪmperator]
czar (m)	патша	[patʃa]
faraó (m)	перғауын	[perɣawin]
cã, khan (m)	хан	[han]

118. Violação da lei. Criminosos. Parte 1

bandido (m)	бандит	[bandıt]
crime (m)	қылмыс	[qilmis]
criminoso (m)	қылмыскер	[qilmisker]

ladrão (m)	ұры	[uri]
roubar (vt)	ұрлау	[urlau]
furto, roubo (m)	ұрлық	[urliq]

raptar, sequestrar (vt)	ұрлап алу	[urlap alu]
sequestro (m)	жымқыру	[ʒimqiru]
sequestrador (m)	ұрлаушы	[urlauʃi]

| resgate (m) | құн | [qun] |
| pedir resgate | құнды талап ету | [qundi talap etu] |

roubar (vt)	тонау	[tonau]
assalto, roubo (m)	қарақшылық	[qaraqʃiliq]
assaltante (m)	тонаушы	[tonauʃi]

extorquir (vt)	қорқытып алу	[qorqitip alu]
extorsionário (m)	қорқытып алушы	[qorqitip aluʃi]
extorsão (f)	қорқытып алушылық	[qorqitip aluʃiliq]

matar, assassinar (vt)	өлтіру	[øltiru]
homicídio (m)	өлтірушілік	[øltiruʃilik]
homicida, assassino (m)	өлтіруші	[øltiruʃi]

tiro (m)	ату	[atu]
dar um tiro	атып жіберу	[atip ʒiberu]
matar a tiro	атып өлтіру	[atip øltiru]
disparar, atirar (vi)	ату	[atu]
tiroteio (m)	атыс	[atis]

incidente (m)	оқиға	[oqıɣa]
briga (~ de rua)	төбелес	[tøbeles]
Socorro!	Көмекке! Құтқараңыз!	[kømekke], [qutqariŋiz]
vítima (f)	құрбан	[qurban]

danificar (vt)	зақымдау	[zaqimdau]
dano (m)	зиян	[zijan]
cadáver (m)	өлік	[ølik]
grave (adj)	ауыр	[awir]

atacar (vt)	бас салу	[bas salu]
bater (espancar)	ұру	[uru]
espancar (vt)	ұрып-соғу	[urip soɣu]
tirar, roubar (dinheiro)	тартып алу	[tartip alu]
esfaquear (vt)	бауыздау	[bawizdau]
mutilar (vt)	зағыптандыру	[zaɣiptandiru]
ferir (vt)	жаралау	[ʒaralau]

| chantagem (f) | бопса | [bopsa] |
| chantagear (vt) | бопсалау | [bopsalau] |

chantagista (m)	бопсашыл	[bopsaʃɪl]
extorsão (f)	рэкет	[rɛket]
extorsionário (m)	рэкетир	[rɛketɪr]
gângster (m)	гангстер	[gangster]
máfia (f)	мафия	[mafɪja]

punguista (m)	қалталық ұры	[qaltalɪq ʊri]
assaltante, ladrão (m)	бұзып түсетін ұры	[bʊzip tʉsetin ʊri]
contrabando (m)	контрабанда	[kontrabanda]
contrabandista (m)	контрабандашы	[kontrabandaʃɪ]

falsificação (f)	жалған	[ʒalɣan]
falsificar (vt)	жалған істеу	[ʒalɣan isteu]
falsificado (adj)	жалған	[ʒalɣan]

119. Violação da lei. Criminosos. Parte 2

estupro (m)	зорлау	[zorlau]
estuprar (vt)	зорлау	[zorlau]
estuprador (m)	зорлаушы	[zorlauʃɪ]
maníaco (m)	маньяк	[manʲak]

prostituta (f)	жезөкше	[ʒezøkʃæ]
prostituição (f)	жезөкшелік	[ʒezøkʃælik]
cafetão (m)	сутенер	[sutenør]

| drogado (m) | нашақор | [naʃaqor] |
| traficante (m) | есірткілермен саудагер | [esirtkilermen saudager] |

explodir (vt)	жару	[ʒaru]
explosão (f)	жарылыс	[ʒarilis]
incendiar (vt)	өртеу	[ørteu]
incendiário (m)	өртеуші	[ørteuʃɪ]

terrorismo (m)	терроризм	[terrorɪzm]
terrorista (m)	терроршы	[terrorʃɪ]
refém (m)	кепілгер	[kepilger]

enganar (vt)	алдау	[aldau]
engano (m)	алдаушылық	[aldauʃɪlɪq]
vigarista (m)	алаяқ	[alajaq]

subornar (vt)	сатып алу	[satip alu]
suborno (atividade)	параға сатып алу	[paraɣa satip alu]
suborno (dinheiro)	пара	[para]

veneno (m)	у	[u]
envenenar (vt)	уландыру	[ulandiru]
envenenar-se (vr)	улану	[ulanu]

suicídio (m)	өзін-өзі өлтірушілік	[øzin ozi øltiruʃilik]
suicida (m)	өзін-өзі өлтіруші	[øzin ozi øltiruʃi]
ameaçar (vt)	қоқақтау	[qoqaqtau]
ameaça (f)	қауіп	[qawip]

atentar contra a vida de ...	қастандық жасау	[qastandıq ʒasau]
atentado (m)	қастандық	[qastandıq]
roubar (um carro)	айдап әкету	[ajdap æketu]
sequestrar (um avião)	айдап әкету	[ajdap æketu]
vingança (f)	кек	[kek]
vingar (vt)	кек алу	[kek alu]
torturar (vt)	азаптату	[azaptatu]
tortura (f)	азап	[azap]
atormentar (vt)	азаптау	[azaptau]
pirata (m)	пират	[pırat]
desordeiro (m)	бейбастақ	[bejbastaq]
armado (adj)	жарақты	[ʒaraqtı]
violência (f)	зорлық	[zorlıq]
espionagem (f)	тыңшылық	[tiɳʃiliq]
espionar (vi)	тыңшы болу	[tiɳʃi bolu]

120. Polícia. Lei. Parte 1

justiça (sistema de ~)	әділеттілік	[ædilettilik]
tribunal (m)	сот	[sot]
juiz (m)	төреші	[tøreʃi]
jurados (m pl)	сот мүшелері	[sot mʉʃæleri]
tribunal (m) do júri	ант берушілер соты	[ant beruʃiler soti]
julgar (vt)	соттау	[sottau]
advogado (m)	қорғаушы	[qorɣauʃi]
réu (m)	айыпкер	[ajipker]
banco (m) dos réus	айыпкерлер отырғышы	[ajipkerler otirɣiʃi]
acusação (f)	айып	[ajip]
acusado (m)	айыпкер	[ajipker]
sentença (f)	үкім	[ʉkim]
sentenciar (vt)	үкім шығару	[ʉkim ʃiɣaru]
culpado (m)	айыпкер	[ajipker]
punir (vt)	жазалау	[ʒazalau]
punição (f)	жаза	[ʒaza]
multa (f)	айыппұл	[ajippʉl]
prisão (f) perpétua	өмірлік қамау	[ømirlik qamau]
pena (f) de morte	өлім жазасы	[ølim ʒazasi]
cadeira (f) elétrica	электр орындығы	[ɛlektr orindiɣi]
forca (f)	дар	[dar]
executar (vt)	өлтіру	[øltiru]
execução (f)	өлім жазасы	[ølim ʒazasi]
prisão (f)	абақты	[abaqti]

cela (f) de prisão	камера	[kamera]
escolta (f)	айдаул	[ajdaul]
guarda (m) prisional	қараушы	[qarauʃi]
preso, prisioneiro (m)	қамалған	[qamalɣan]

algemas (f pl)	қолкісен	[qolkisen]
algemar (vt)	қол кісендерді тағу	[qol kisenderdi taɣu]

fuga, evasão (f)	қашу	[qaʃu]
fugir (vi)	қашу	[qaʃu]
desaparecer (vi)	жоғалу	[ʒoɣalu]
soltar, libertar (vt)	босату	[bosatu]
anistia (f)	амнистия	[amnıstija]

polícia (instituição)	полиция	[polıtsija]
polícia (m)	полицейлік	[polıtsejlik]
delegacia (f) de polícia	полиция қосыны	[polıtsija qosini]
cassetete (m)	резеңке таяқ	[rezeŋke tajaq]
megafone (m)	рупор	[rupor]

carro (m) de patrulha	патрулдік машина	[patruldik maʃina]
sirene (f)	сирена	[sırena]
ligar a sirene	сиренаны қосу	[sırenani qosu]
toque (m) da sirene	сарнау	[sarnau]

cena (f) do crime	оқиға орыны	[oqıɣa orini]
testemunha (f)	куәгер	[kuæger]
liberdade (f)	бостандық	[bostandiq]
cúmplice (m)	сыбайлас	[sibajlas]
escapar (vi)	жасырыну	[ʒasirinu]
traço (não deixar ~s)	із	[iz]

121. Polícia. Lei. Parte 2

procura (f)	іздестіру	[izdestiru]
procurar (vt)	іздеу	[izdeu]
suspeita (f)	күдік	[kʉdik]
suspeito (adj)	күдікті	[kʉdikti]
parar (veículo, etc.)	тоқтату	[toqtatu]
deter (fazer parar)	ұстау	[ustau]

caso (~ criminal)	іс	[is]
investigação (f)	тергеу	[tergeu]
detetive (m)	детектив	[detektıv]
investigador (m)	тергеуші	[tergeuʃi]
versão (f)	версия	[versija]

motivo (m)	себеп	[sebep]
interrogatório (m)	жауап алу	[ʒawap alu]
interrogar (vt)	жауап алу	[ʒawap alu]
questionar (vt)	сұрау	[surau]
verificação (f)	тексеру	[tekseru]
batida (f) policial	қамап алу	[qamap alu]
busca (f)	тінту	[tintu]

perseguição (f)	қуғын	[quɣin]
perseguir (vt)	қуғындау	[quɣindau]
seguir, rastrear (vt)	торуылдау	[toruildau]

prisão (f)	тұтқынға алу	[tʊtqinɣa alu]
prender (vt)	тұтқындау	[tʊtqindau]
pegar, capturar (vt)	ұстап алу	[ʊstap alu]

documento (m)	құжат	[quʒat]
prova (f)	дәлел	[dælel]
provar (vt)	дәлелдеу	[dæleldeu]
pegada (f)	із	[iz]
impressões (f pl) digitais	саусақтардың таңбалары	[sausaqtardiŋ taŋbalari]
prova (f)	дәлел	[dælel]

álibi (m)	алиби	[alıbı]
inocente (adj)	айыпсыз	[ajipsiz]
injustiça (f)	әділетсіздік	[ædiletsizdik]
injusto (adj)	әділетсіз	[ædiletsiz]

criminal (adj)	қылмыстық	[qilmistiq]
confiscar (vt)	тәркілеу	[tærkileu]
droga (f)	есірткі	[esirtki]
arma (f)	қару	[qaru]
desarmar (vt)	қаруын тастату	[qaruin tastatu]
ordenar (vt)	бұйыру	[bujiru]
desaparecer (vi)	жоғалу	[ʒoɣalu]

lei (f)	заң	[zaŋ]
legal (adj)	заңды	[zaŋdi]
ilegal (adj)	заңсыз	[zaŋsiz]

responsabilidade (f)	жауапкершілік	[ʒawapkerʃilik]
responsável (adj)	жауапты	[ʒawapti]

NATUREZA

A Terra. Parte 1

122. Espaço sideral

espaço, cosmo (m)	ғарыш	[ɣariʃ]
espacial, cósmico (adj)	ғарыштық	[ɣariʃtiq]
espaço (m) cósmico	ғарыш кеңістігі	[ɣariʃ keŋistigi]
mundo, universo (m)	әлем	[ælem]
galáxia (f)	галактика	[galaktıka]
estrela (f)	жұлдыз	[ʒʊldiz]
constelação (f)	шоқжұлдыз	[ʃoqʒʊldiz]
planeta (m)	планета	[planeta]
satélite (m)	серік	[serik]
meteorito (m)	метеорит	[meteorıt]
cometa (m)	комета	[kometa]
asteroide (m)	астероид	[asteroıd]
órbita (f)	орбита	[orbıta]
girar (vi)	айналу	[ajnalu]
atmosfera (f)	атмосфера	[atmosfera]
Sol (m)	күн	[kʉn]
Sistema (m) Solar	күн жүйесі	[kʉn ʒʉjesi]
eclipse (m) solar	күн тұтылу	[kʉn tʊtilu]
Terra (f)	Жер	[ʒer]
Lua (f)	Ай	[aj]
Marte (m)	Марс	[mars]
Vênus (f)	Венера	[venera]
Júpiter (m)	Юпитер	[jupıter]
Saturno (m)	Сатурн	[saturn]
Mercúrio (m)	Меркурий	[merkurıj]
Urano (m)	Уран	[uran]
Netuno (m)	Нептун	[neptun]
Plutão (m)	Плутон	[pluton]
Via Láctea (f)	Құс жолы	[qʊs ʒoli]
Ursa Maior (f)	Жетіқарақшы	[ʒetiqaraqʃi]
Estrela Polar (f)	Темірқазық	[temirqaziq]
marciano (m)	марстық	[marstiq]
extraterrestre (m)	басқа планеталық	[basqa planetaliq]

alienígena (m)	келімсек	[kelimsek]
disco (m) voador	ұшатын тәрелке	[uʃatin tærelke]
espaçonave (f)	ғарыш кемесі	[ɣariʃ kemesi]
estação (f) orbital	орбиталық станция	[orbıtalıq stantsıja]
lançamento (m)	старт	[start]
motor (m)	двигатель	[dvıgatelʲ]
bocal (m)	қақпақ	[qaqpaq]
combustível (m)	жанармай	[ʒanarmaj]
cabine (f)	кабина	[kabına]
antena (f)	антенна	[antena]
vigia (f)	иллюминатор	[ılljumınator]
bateria (f) solar	күн батареясы	[kʉn batarejasi]
traje (m) espacial	скафандр	[skafandr]
imponderabilidade (f)	салмақсыздық	[salmaqsizdiq]
oxigênio (m)	оттегі	[ottegi]
acoplagem (f)	түйісу	[tʉjisu]
fazer uma acoplagem	түйісу жасау	[tʉjisu ʒasau]
observatório (m)	обсерватория	[observatorıja]
telescópio (m)	телескоп	[teleskop]
observar (vt)	бақылау	[baqilau]
explorar (vt)	зерттеу	[zertteu]

123. A Terra

Terra (f)	Жер	[ʒer]
globo terrestre (Terra)	жер шары	[ʒer ʃari]
planeta (m)	ғаламшар	[ɣalamʃar]
atmosfera (f)	атмосфера	[atmosfera]
geografia (f)	география	[geografıja]
natureza (f)	табиғат	[tabıɣat]
globo (mapa esférico)	глобус	[globus]
mapa (m)	карта	[karta]
atlas (m)	атлас	[atlas]
Europa (f)	Еуропа	[europa]
Ásia (f)	Азия	[azıja]
África (f)	Африка	[afrıka]
Austrália (f)	Австралия	[avstralıja]
América (f)	Америка	[amerıka]
América (f) do Norte	Солтүстік Америка	[soltustik amerıka]
América (f) do Sul	Оңтүстік Америка	[oŋtustik amerıka]
Antártida (f)	Антарктида	[antarktıda]
Ártico (m)	Арктика	[arktıka]

124. Pontos cardeais

norte (m)	солтүстік	[soltustik]
para norte	солтүстікке	[soltustikke]
no norte	солтүстікте	[soltustikte]
do norte (adj)	солтүстік	[soltustik]
sul (m)	оңтүстік	[oŋtustik]
para sul	оңтүстікке	[oŋtustikke]
no sul	оңтүстікте	[oŋtustikte]
do sul (adj)	оңтүстік	[oŋtustik]
oeste, ocidente (m)	батыс	[batis]
para oeste	батысқа	[batisqa]
no oeste	батыста	[batista]
ocidental (adj)	батыс	[batis]
leste, oriente (m)	шығыс	[ʃiɣis]
para leste	шығысқа	[ʃiɣisqa]
no leste	шығыста	[ʃiɣista]
oriental (adj)	шығыс	[ʃiɣis]

125. Mar. Oceano

mar (m)	теңіз	[teŋiz]
oceano (m)	мұхит	[muhɪt]
golfo (m)	шығанақ	[ʃiɣanaq]
estreito (m)	бұғаз	[buɣaz]
terra (f) firme	жер	[ʒer]
continente (m)	материк	[materɪk]
ilha (f)	арал	[aral]
península (f)	түбек	[tubek]
arquipélago (m)	архипелаг	[arhɪpelag]
baía (f)	айлақ	[ajlaq]
porto (m)	гавань	[gavanʲ]
lagoa (f)	лагуна	[laguna]
cabo (m)	мүйіс	[mujis]
atol (m)	атолл	[atoll]
recife (m)	риф	[rɪf]
coral (m)	маржан	[marʒan]
recife (m) de coral	маржан риф	[marʒan rɪf]
profundo (adj)	терең	[tereŋ]
profundidade (f)	тереңдік	[tereŋdik]
abismo (m)	түпсіз	[tupsiz]
fossa (f) oceânica	шұқыр	[ʃuqir]
corrente (f)	ағын	[aɣin]
banhar (vt)	ұласу	[ulasu]
litoral (m)	жаға	[ʒaɣa]

costa (f)	жағалау	[ʒaɣalau]
maré (f) alta	судың келуі	[sudiŋ kelui]
refluxo (m)	судың қайтуы	[sudiŋ qajtui]
restinga (f)	барқын	[barqin]
fundo (m)	түп	[tʉp]

onda (f)	толқын	[tolqin]
crista (f) da onda	толқынның жотасы	[tolqiniŋ ʒotasi]
espuma (f)	көбік	[købik]

tempestade (f)	дауыл	[dawïl]
furacão (m)	дауыл	[dawïl]
tsunami (m)	цунами	[tsunamï]
calmaria (f)	тымық	[tïmïq]
calmo (adj)	тынық	[tïnïq]

| polo (m) | полюс | [poljus] |
| polar (adj) | поляр | [poljar] |

latitude (f)	ендік	[endik]
longitude (f)	бойлық	[bojlïq]
paralela (f)	параллель	[parallelʲ]
equador (m)	экватор	[ɛkvator]

céu (m)	аспан	[aspan]
horizonte (m)	көкжиек	[køkʒɪek]
ar (m)	ауа	[awa]

farol (m)	шамшырақ	[ʃamʃïraq]
mergulhar (vi)	сүңгу	[sʉŋgu]
afundar-se (vr)	батып кету	[batip ketu]
tesouros (m pl)	қазына	[qazïna]

126. Nomes de Mares e Oceanos

Oceano (m) Atlântico	Атлант мұхиты	[atlant mʉhïtï]
Oceano (m) Índico	Үнді мұхиті	[ʉndi mʉhïtï]
Oceano (m) Pacífico	Тынық мұхит	[tïnïq mʉhït]
Oceano (m) Ártico	Солтүстік мұзды мұхиті	[soltʉstik mʉzdi mʉhïtï]

Mar (m) Negro	Қара теңіз	[qara teŋiz]
Mar (m) Vermelho	Қызыл теңіз	[qizil teŋiz]
Mar (m) Amarelo	Сары теңіз	[sari teŋiz]
Mar (m) Branco	Ақ теңіз	[aq teŋiz]

Mar (m) Cáspio	Каспий теңізі	[kaspij teŋizi]
Mar (m) Morto	Өлген теңіз	[ølgen teŋiz]
Mar (m) Mediterrâneo	Жерорта теңізі	[ʒerorta teŋizi]

| Mar (m) Egeu | Эгей теңізі | [ɛgej teŋizi] |
| Mar (m) Adriático | Адриатикалық теңіз | [adrïatïkalïq teŋiz] |

| Mar (m) Arábico | Аравиялық теңіз | [aravïjalïq teŋiz] |
| Mar (m) do Japão | Жапон теңізі | [ʒapon teŋizi] |

Mar (m) de Bering	Беринг теңізі	[berıng teŋizi]
Mar (m) da China Meridional	Оңтүстік-Қытай теңізі	[oŋtustik qitaj teŋizi]
Mar (m) de Coral	Маржан теңізі	[marʒan teŋizi]
Mar (m) de Tasman	Тасман теңізі	[tasman teŋizi]
Mar (m) do Caribe	Карибиялық теңіз	[karıbijaliq teŋiz]
Mar (m) de Barents	Баренц теңізі	[barents teŋizi]
Mar (m) de Kara	Карск теңізі	[karsk teŋizi]
Mar (m) do Norte	Солтүстік теңіз	[soltustik teŋiz]
Mar (m) Báltico	Балтық теңізі	[baltiq teŋizi]
Mar (m) da Noruega	Норвегиялық теңіз	[norvegijaliq teŋiz]

127. Montanhas

montanha (f)	тау	[tau]
cordilheira (f)	тау тізбектері	[tau tizbekteri]
serra (f)	тау қырқасы	[tau qirqasi]
cume (m)	шың	[ʃiŋ]
pico (m)	шың	[ʃiŋ]
pé (m)	етек	[etek]
declive (m)	бөктер	[bøkter]
vulcão (m)	жанартау	[ʒanartau]
vulcão (m) ativo	сөнбеген жанартау	[sønbegen ʒanartau]
vulcão (m) extinto	сөнген жанартау	[søngen ʒanartau]
erupção (f)	ақтарылу	[aqtarilu]
cratera (f)	кратер	[krater]
magma (m)	магма	[magma]
lava (f)	лава	[lava]
fundido (lava ~a)	қызған	[qizɣan]
cânion, desfiladeiro (m)	каньон	[kaɲion]
garganta (f)	басат	[basat]
fenda (f)	жарық	[ʒariq]
passo, colo (m)	асу	[asu]
planalto (m)	үстірт	[ustirt]
falésia (f)	жартас	[ʒartas]
colina (f)	белес	[beles]
geleira (f)	мұздық	[muzdiq]
cachoeira (f)	сарқырама	[sarqirama]
gêiser (m)	гейзер	[gejzer]
lago (m)	көл	[køl]
planície (f)	жазық	[ʒaziq]
paisagem (f)	пейзаж	[pejzaʒ]
eco (m)	жаңғырық	[ʒaŋɣiriq]
alpinista (m)	альпинист	[alʲpınıst]
escalador (m)	жартасқа өрмелеуші	[ʒartasqa ørmeleuʃi]

| conquistar (vt) | бағындыру | [baɣindiru] |
| subida, escalada (f) | шыңына шығу | [ʃiŋina ʃiɣu] |

128. Nomes de montanhas

Alpes (m pl)	Альпілер	[alʲpiler]
Monte Branco (m)	Монблан	[monblan]
Pirineus (m pl)	Пиренейлер	[pɪrenejler]

Cárpatos (m pl)	Карпаттар	[karpatar]
Urais (m pl)	Орал таулары	[oral taulari]
Cáucaso (m)	Кавказ	[kavkaz]
Elbrus (m)	Эльбрус	[ɛlʲbrus]

Altai (m)	Алтай	[altaj]
Tian Shan (m)	Тянь-Шань	[tʲaɲ ʃaɲ]
Pamir (m)	Памир	[pamɪr]
Himalaia (m)	Гималаи	[gɪmalaɪ]
monte Everest (m)	Эверест	[ɛverest]

| Cordilheira (f) dos Andes | Аңдылар | [aɳdilar] |
| Kilimanjaro (m) | Килиманджаро | [kɪlɪmandʒaro] |

129. Rios

rio (m)	өзен	[øzen]
fonte, nascente (f)	бұлақ	[bʊlaq]
leito (m) de rio	арна	[arna]
bacia (f)	бассейн	[bassejn]
desaguar no …	ағып құйылу	[aɣip qujilu]

| afluente (m) | тармақ | [tarmaq] |
| margem (do rio) | жаға | [ʒaɣa] |

corrente (f)	ағын	[aɣin]
rio abaixo	ағыстың ыңғайымен	[aɣistiŋ iŋɣajimen]
rio acima	өрге қарай	[ørge qaraj]

inundação (f)	тасқын	[tasqin]
cheia (f)	аспа	[aspa]
transbordar (vi)	су тасу	[su tasu]
inundar (vt)	су басу	[su basu]

| banco (m) de areia | қайыр | [qajir] |
| corredeira (f) | табалдырық | [tabaldiriq] |

barragem (f)	тоған	[toɣan]
canal (m)	канал	[kanal]
reservatório (m) de água	су қоймасы	[su qojmasi]
eclusa (f)	шлюз	[ʃljuz]
corpo (m) de água	суайдын	[suajdin]
pântano (m)	батпақ	[batpaq]

lamaçal (m)	тартпа	[tartpa]
redemoinho (m)	иірім	[ıirim]
riacho (m)	жылға	[ʒɨlɣa]
potável (adj)	ішетін	[iʃætin]
doce (água)	тұзсыз	[tʊzsiz]
gelo (m)	мұз	[mʊz]
congelar-se (vr)	мұз боп қату	[mʊz bop qatu]

130. Nomes de rios

rio Sena (m)	Сена	[sena]
rio Loire (m)	Луара	[luara]
rio Tâmisa (m)	Темза	[temza]
rio Reno (m)	Рейн	[rejn]
rio Danúbio (m)	Дунай	[dunaj]
rio Volga (m)	Волга	[volga]
rio Don (m)	Дон	[don]
rio Lena (m)	Лена	[lena]
rio Amarelo (m)	Хуанхэ	[huanhɛ]
rio Yangtzé (m)	Янцзы	[jantszɨ]
rio Mekong (m)	Меконг	[mekong]
rio Ganges (m)	Ганг	[gang]
rio Nilo (m)	Нил	[nıl]
rio Congo (m)	Конго	[kongo]
rio Cubango (m)	Окаванго	[okavango]
rio Zambeze (m)	Замбези	[zambezı]
rio Limpopo (m)	Лимпопо	[lımpopo]
rio Mississippi (m)	Миссисипи	[mıssısıpı]

131. Floresta

floresta (f), bosque (m)	орман	[orman]
florestal (adj)	орман	[orman]
mata (f) fechada	бытқыл	[bɨtqɨl]
arvoredo (m)	тоғай	[toɣaj]
clareira (f)	алаңқай	[alaŋqaj]
matagal (m)	ну өсімдік	[nu øsimdik]
mato (m), caatinga (f)	бұта	[bʊta]
pequena trilha (f)	соқпақ	[soqpaq]
ravina (f)	жыра	[ʒɨra]
árvore (f)	ағаш	[aɣaʃ]
folha (f)	жапырақ	[ʒapɨraq]

folhagem (f)	жапырақ	[ʒapiraq]
queda (f) das folhas	жапырақтың құрап түсуі	[ʒapiraqtiŋ qurap tʉsui]
cair (vi)	қазылу	[qazilu]
topo (m)	ағаштың жоғарғы ұшы	[aɣaʃtiŋ ʒoɣarɣi uʃi]

ramo (m)	бұтақ	[bʊtaq]
galho (m)	бұтақ	[bʊtaq]
botão (m)	бүршік	[bʉrʃik]
agulha (f)	ине	[ɪne]
pinha (f)	бүршік	[bʉrʃik]

buraco (m) de árvore	қуыс	[quis]
ninho (m)	ұя	[ʊja]
toca (f)	ін	[in]

tronco (m)	дің	[diŋ]
raiz (f)	тамыр	[tamir]
casca (f) de árvore	қабық	[qabiq]
musgo (m)	мүк	[mʉk]

arrancar pela raiz	қопару	[qoparu]
cortar (vt)	шабу	[ʃabu]
desflorestar (vt)	шабу	[ʃabu]
toco, cepo (m)	томар	[tomar]

fogueira (f)	алау	[alau]
incêndio (m) florestal	өрт	[ørt]
apagar (vt)	өшіру	[øʃiru]

guarda-parque (m)	орманшы	[ormanʃi]
proteção (f)	күзет	[kʉzet]
proteger (a natureza)	күзету	[kʉzetu]
caçador (m) furtivo	браконьер	[brakonʲer]
armadilha (f)	қақпан	[qaqpan]

colher (cogumelos, bagas)	жинау	[ʒɪnau]
perder-se (vr)	адасып кету	[adasip ketu]

132. Recursos naturais

recursos (m pl) naturais	табиғи қорлар	[tabiɣi qorlar]
minerais (m pl)	пайдалы қазбалар	[pajdali qazbalar]
depósitos (m pl)	кен	[ken]
jazida (f)	кен орны	[ken orni]

extrair (vt)	кен шығару	[ken ʃiɣaru]
extração (f)	шығару	[ʃiɣaru]
minério (m)	кен	[ken]
mina (f)	кеніш	[keniʃ]
poço (m) de mina	шахта	[ʃahta]
mineiro (m)	көмірші	[kømirʃi]

gás (m)	газ	[gaz]
gasoduto (m)	газ құбыры	[gaz qubiri]

petróleo (m)	мұнай	[mʊnaj]
oleoduto (m)	мұнай құбыры	[mʊnaj qʊbiri]
poço (m) de petróleo	мұнай мұнарасы	[mʊnaj mʊnarasi]
torre (f) petrolífera	бұрғылау мұнарасы	[burɣilau munarasi]
petroleiro (m)	танкер	[tanker]
areia (f)	құм	[qʊm]
calcário (m)	әк тас	[æk tas]
cascalho (m)	қиыршақ тас	[qıirʃaq tas]
turfa (f)	торф	[torf]
argila (f)	балшық	[balʃiq]
carvão (m)	көмір	[kømir]
ferro (m)	темір	[temir]
ouro (m)	алтын	[altin]
prata (f)	күміс	[kʉmis]
níquel (m)	никель	[nıkelʲ]
cobre (m)	мыс	[mis]
zinco (m)	мырыш	[miriʃ]
manganês (m)	марганец	[marganets]
mercúrio (m)	сынап	[sinap]
chumbo (m)	қорғасын	[qorɣasin]
mineral (m)	минерал	[mıneral]
cristal (m)	кристалл	[krıstall]
mármore (m)	мәрмәр	[mærmær]
urânio (m)	уран	[uran]

A Terra. Parte 2

133. Tempo

tempo (m)	ауа райы	[awa rajï]
previsão (f) do tempo	ауа райы болжамы	[awa rajï bolʒamï]
temperatura (f)	температура	[temperatura]
termômetro (m)	термометр	[termometr]
barômetro (m)	барометр	[barometr]
umidade (f)	ылғалдық	[ïlɣaldïq]
calor (m)	ыстық	[ïstïq]
tórrido (adj)	ыстық	[ïstïq]
está muito calor	ыстық	[ïstïq]
está calor	жылы	[ʒïlï]
quente (morno)	жылы	[ʒïlï]
está frio	суық	[suïq]
frio (adj)	суық	[suïq]
sol (m)	күн	[kʉn]
brilhar (vi)	жарық түсіру	[ʒarïq tʉsiru]
de sol, ensolarado	күн	[kʉn]
nascer (vi)	көтерілу	[køterilu]
pôr-se (vr)	отыру	[otïru]
nuvem (f)	бұлт	[bʉlt]
nublado (adj)	бұлтты	[bʉltti]
nuvem (f) preta	қара бұлт	[qara bʉlt]
escuro, cinzento (adj)	бұлыңғыр	[bʉlïŋɣïr]
chuva (f)	жаңбыр	[ʒaŋbïr]
está a chover	жаңбыр жауып тұр	[ʒaŋbïr ʒawïp tur]
chuvoso (adj)	жауын-шашынды	[ʒawïn ʃaʃïndï]
chuviscar (vi)	сіркіреу	[sirkireu]
chuva (f) torrencial	қара жаңбыр	[qara ʒaŋbïr]
aguaceiro (m)	нөсер	[nøser]
forte (chuva, etc.)	екпінді	[ekpindi]
poça (f)	шалшық	[ʃalʃïq]
molhar-se (vr)	су өту	[su øtu]
nevoeiro (m)	тұман	[tuman]
de nevoeiro	тұманды	[tumandï]
neve (f)	қар	[qar]
está nevando	қар жауып тұр	[qar ʒawïp tur]

134. Tempo extremo. Catástrofes naturais

trovoada (f)	найзағай	[najzaɣaj]
relâmpago (m)	найзағай	[najzaɣaj]
relampejar (vi)	жарқырау	[ʒarqïrau]
trovão (m)	күн күркіреу	[kʉn kʉrkireu]
trovejar (vi)	дүрілдеу	[dʉrildeu]
está trovejando	күн күркірейді	[kʉn kʉrkirejdi]
granizo (m)	бұршақ	[bʊrʃaq]
está caindo granizo	бұршақ жауып тұр	[bʊrʃaq ʒawïp tur]
inundar (vt)	су басу	[su basu]
inundação (f)	сел жүру	[sel ʒʉru]
terremoto (m)	жер сілкіну	[ʒer silkinu]
abalo, tremor (m)	түрткі	[tʉrtki]
epicentro (m)	эпицентр	[ɛpïtsentr]
erupção (f)	атылуы	[atïluï]
lava (f)	лава	[lava]
tornado (m)	құйын	[qʊjïn]
tornado (m)	торнадо	[tornado]
tufão (m)	тайфун	[tajfun]
furacão (m)	дауыл	[dawïl]
tempestade (f)	дауыл	[dawïl]
tsunami (m)	цунами	[tsunamï]
ciclone (m)	циклон	[tsïklon]
mau tempo (m)	бұлыңғыр	[bʊlïŋɣïr]
incêndio (m)	өрт	[ørt]
catástrofe (f)	апат	[apat]
meteorito (m)	метеорит	[meteorït]
avalanche (f)	көшкін	[køʃkin]
deslizamento (m) de neve	опырылу	[opïrïlu]
nevasca (f)	боран	[boran]
tempestade (f) de neve	боран	[boran]

Fauna

135. Mamíferos. Predadores

predador (m)	жыртқыш	[ʒirtqiʃ]
tigre (m)	жолбарыс	[ʒolbaris]
leão (m)	арыстан	[aristan]
lobo (m)	қасқыр	[qaskir]
raposa (f)	түлкі	[tʉlki]
jaguar (m)	ягуар	[jaguar]
leopardo (m)	леопард	[leopard]
chita (f)	гепард	[gepard]
pantera (f)	бабыр	[babɨr]
puma (m)	пума	[puma]
leopardo-das-neves (m)	ілбіс	[ilbis]
lince (m)	сілеусін	[sileusin]
coiote (m)	койот	[kojot]
chacal (m)	шиебөрі	[ʃiebøri]
hiena (f)	гиена	[gɪena]

136. Animais selvagens

animal (m)	айуан	[ajuan]
besta (f)	аң	[aŋ]
esquilo (m)	тиін	[tɪin]
ouriço (m)	кірпі	[kirpi]
lebre (f)	қоян	[qojan]
coelho (m)	үй қояны	[ʉj qojani]
texugo (m)	борсық	[borsiq]
guaxinim (m)	жанат	[ʒanat]
hamster (m)	алақоржын	[alaqorʒin]
marmota (f)	суыр	[suir]
toupeira (f)	көртышқан	[kørtiʃqan]
rato (m)	қаптесер	[qapteser]
ratazana (f)	егеуқұйрық	[egeuqujriq]
morcego (m)	жарғанат	[ʒarɣanat]
arminho (m)	аққіс	[aqis]
zibelina (f)	бұлғын	[bʉlɣin]
marta (f)	кәмшат	[kæmʃat]
doninha (f)	аққалақ	[aqqalaq]
visom (m)	норка	[norka]

| castor (m) | құндыз | [qʊndiz] |
| lontra (f) | қамшат | [qamʃat] |

cavalo (m)	ат	[at]
alce (m)	бұлан	[bʊlan]
veado (m)	бұғы	[bʊɣɨ]
camelo (m)	түйе	[tʉje]

bisão (m)	бизон	[bɨzon]
auroque (m)	зубр	[zubr]
búfalo (m)	буйвол	[bujvol]

zebra (f)	зебра	[zebra]
antílope (m)	антилопа	[antɨlopa]
corça (f)	елік	[elik]
gamo (m)	кербұғы	[kerbʊɣɨ]
camurça (f)	серна	[serna]
javali (m)	қабан	[qaban]

baleia (f)	кит	[kɨt]
foca (f)	итбалық	[ɨtbalɨq]
morsa (f)	морж	[morʒ]
urso-marinho (m)	теңіз мысық	[teŋiz mɨsɨq]
golfinho (m)	дельфин	[delʲfin]

urso (m)	аю	[aju]
urso (m) polar	ақ аю	[aq aju]
panda (m)	панда	[panda]

macaco (m)	маймыл	[majmɨl]
chimpanzé (m)	шимпанзе	[ʃimpanze]
orangotango (m)	орангутанг	[orangutang]
gorila (m)	горилла	[gorɨlla]
macaco (m)	макака	[makaka]
gibão (m)	гиббон	[gɨbbon]

elefante (m)	піл	[pil]
rinoceronte (m)	мүйізтұмсық	[mʉjiztʊmsɨq]
girafa (f)	керік	[kerik]
hipopótamo (m)	бегемот	[begemot]

| canguru (m) | кенгуру | [kenguru] |
| coala (m) | коала | [koala] |

mangusto (m)	мангуст	[mangust]
chinchila (f)	шиншилла	[ʃinʃɨlla]
cangambá (f)	скунс	[skuns]
porco-espinho (m)	жайра	[ʒajra]

137. Animais domésticos

gata (f)	мысық	[mɨsɨq]
gato (m) macho	мысық	[mɨsɨq]
cão (m)	ит	[ɨt]

cavalo (m)	ат	[at]
garanhão (m)	айғыр	[ajɣir]
égua (f)	бие	[bɪe]

vaca (f)	сиыр	[sɪir]
touro (m)	бұқа	[bʊqa]
boi (m)	өгіз	[øgiz]

ovelha (f)	қой	[qoj]
carneiro (m)	қошқар	[qoʃqar]
cabra (f)	ешкі	[eʃki]
bode (m)	теке	[teke]

burro (m)	есек	[esek]
mula (f)	қашыр	[qaʃir]

porco (m)	шошқа	[ʃoʃqa]
leitão (m)	торай	[toraj]
coelho (m)	үй қояны	[ʉj qojani]

galinha (f)	тауық	[tawiq]
galo (m)	әтеш	[æteʃ]

pata (f), pato (m)	үйрек	[ʉjrek]
pato (m)	кежек	[keʒek]
ganso (m)	қаз	[qaz]

peru (m)	күркетауық	[kʉrqetawiq]
perua (f)	күркетауық	[kʉrqetawiq]

animais (m pl) domésticos	үй жануарлары	[ʉj ʒanuarlari]
domesticado (adj)	қол	[qol]
domesticar (vt)	қолға үйрету	[qolɣa ʉjretu]
criar (vt)	өсіру	[øsiru]

fazenda (f)	ферма	[ferma]
aves (f pl) domésticas	ұй құсы	[ʊj qusi]
gado (m)	мал	[mal]
rebanho (m), manada (f)	табын	[tabin]

estábulo (m)	ат қора	[at qora]
chiqueiro (m)	шошқа қора	[ʃoʃqa qora]
estábulo (m)	сиыр қора	[sɪir qora]
coelheira (f)	үй қояны күркесі	[ʉj qojani kʉrqesi]
galinheiro (m)	тауық қора	[tawiq qora]

138. Pássaros

pássaro (m), ave (f)	құс	[qʊs]
pombo (m)	көгершін	[køgerʃin]
pardal (m)	торғай	[torɣaj]
chapim-real (m)	сары шымшық	[sari ʃimʃiq]
pega-rabuda (f)	сауысқан	[sawisqan]
corvo (m)	құзғын	[qʊzɣin]

gralha-cinzenta (f)	қарға	[qarɣa]
gralha-de-nuca-cinzenta (f)	шауқарға	[ʃauqarɣa]
gralha-calva (f)	ұзақ	[ʊzaq]
pato (m)	үйрек	[ʉjrek]
ganso (m)	қаз	[qaz]
faisão (m)	қырғауыл	[qirɣawil]
águia (f)	бүркіт	[bʉrkit]
açor (m)	қаршыға	[qarʃiɣa]
falcão (m)	қыран	[qiran]
abutre (m)	кұшіген	[kʉʃigen]
condor (m)	кондор	[kondor]
cisne (m)	аққу	[aqqu]
grou (m)	тырна	[tirna]
cegonha (f)	ләйлек	[læjlek]
papagaio (m)	тоты құс	[toti qʊs]
beija-flor (m)	колибри	[kolibri]
pavão (m)	тауыс	[tawis]
avestruz (m)	түйекұс	[tʉjeqʊs]
garça (f)	аққұтан	[aqqʊtan]
flamingo (m)	қоқиқаз	[qoqiqaz]
pelicano (m)	бірқазан	[birqazan]
rouxinol (m)	бұлбұл	[bʊlbʊl]
andorinha (f)	қарлығаш	[qarliɣaʃ]
tordo-zornal (m)	барылдақ торғай	[barildaq torɣaj]
tordo-músico (m)	әнші шымшық	[ænʃi ʃimʃiq]
melro-preto (m)	қара барылдақ торғай	[qara barildaq torɣaj]
andorinhão (m)	стриж	[striʒ]
cotovia (f)	бозторғай	[boztorɣaj]
codorna (f)	бөдене	[bødene]
cuco (m)	көкек	[køkek]
coruja (f)	жапалақ	[ʒapalaq]
bufo-real (m)	үкі	[ʉki]
tetraz-grande (m)	саңырау құр	[saɲirau qʊr]
tetraz-lira (m)	бұлдырық	[bʊldiriq]
perdiz-cinzenta (f)	құр	[qʊr]
estorninho (m)	қараторғай	[qaratorɣaj]
canário (m)	шымшық	[ʃimʃiq]
galinha-do-mato (f)	қарабауыр	[qarabawir]
tentilhão (m)	қызыл	[qizil]
dom-fafe (m)	бозшымшық	[bozʃimʃiq]
gaivota (f)	шағала	[ʃaɣala]
albatroz (m)	альбатрос	[alʲbatros]
pinguim (m)	пингвин	[pɪŋgvɪn]

139. Peixes. Animais marinhos

brema (f)	ақтабан	[aqtaban]
carpa (f)	тұқы	[tʊqi]
perca (f)	алабұға	[alabʊɣa]
siluro (m)	жайын	[ʒajin]
lúcio (m)	шортан	[ʃortan]
salmão (m)	лосось	[lososʲ]
esturjão (m)	бекіре	[bekire]
arenque (m)	майшабақ	[majʃabaq]
salmão (m) do Atlântico	ақсерке	[aqserqe]
cavala, sarda (f)	скумбрия	[skumbrɪja]
solha (f), linguado (m)	камбала	[kambala]
lúcio perca (m)	Көксерке	[køkserke]
bacalhau (m)	треска	[treska]
atum (m)	тунец	[tunets]
truta (f)	бахтах	[bahtah]
enguia (f)	жыланбалық	[ʒilanbaliq]
raia (f) elétrica	электр құламасы	[ɛlektr qʊlamasi]
moreia (f)	мурена	[murena]
piranha (f)	пиранья	[pɪranʲa]
tubarão (m)	акула	[akula]
golfinho (m)	дельфин	[delʲfɪn]
baleia (f)	кит	[kɪt]
caranguejo (m)	теңіз шаяны	[teŋiz ʃajani]
água-viva (f)	медуза	[meduza]
polvo (m)	сегізаяқ	[segizajaq]
estrela-do-mar (f)	теңіз жұлдызы	[teŋiz ʒʊldizi]
ouriço-do-mar (m)	теңіз кірпісі	[teŋiz kirpisi]
cavalo-marinho (m)	теңіздегі мысықтың баласы	[teŋizdegi misiqtiŋ balasi]
ostra (f)	устрица	[ustrɪtsa]
camarão (m)	асшаян	[asʃajan]
lagosta (f)	омар	[omar]
lagosta (f)	лангуст	[langust]

140. Anfíbios. Répteis

cobra (f)	жылан	[ʒilan]
venenoso (adj)	улы	[uli]
víbora (f)	улы сұр жылан	[uli sur ʒilan]
naja (f)	әбжылан	[æbʒilan]
píton (m)	питон	[pɪton]
jiboia (f)	айдаһар	[ajdahar]

cobra-de-água (f)	сужылан	[suӡilan]
cascavel (f)	ысылдағыш улы жылан	[isildaɣiʃ uli ӡilan]
anaconda (f)	анаконда	[anakonda]

lagarto (m)	кесіртке	[kesirtke]
iguana (f)	игуана	[ɪguana]
varano (m)	келес	[keles]
salamandra (f)	саламандра	[salamandra]
camaleão (m)	хамелеон	[hameleon]
escorpião (m)	құршаян	[qʊrʃajan]

tartaruga (f)	тасбақа	[tasbaqa]
rã (f)	бақа	[baqa]
sapo (m)	құрбақа	[qʊrbaqa]
crocodilo (m)	қолтырауын	[qoltirawin]

141. Insetos

inseto (m)	бунақдене	[bunaqdene]
borboleta (f)	көбелек	[købelek]
formiga (f)	құмырсқа	[qʊmirsqa]
mosca (f)	шыбын	[ʃibin]
mosquito (m)	маса	[masa]
escaravelho (m)	қоңыз	[qoŋiz]

vespa (f)	ара	[ara]
abelha (f)	балара	[balara]
mamangaba (f)	ара	[ara]
moscardo (m)	бөгелек	[bøgelek]

aranha (f)	өрмекші	[ørmekʃi]
teia (f) de aranha	өрмекшінің торы	[ørmekʃiniŋ tori]

libélula (f)	инелік	[ɪnelik]
gafanhoto (m)	шегіртке	[ʃægirtke]
traça (f)	көбелек	[købelek]

barata (f)	тарақан	[taraqan]
carrapato (m)	кене	[kene]
pulga (f)	бүрге	[bʉrge]
borrachudo (m)	шіркей	[ʃirkej]

gafanhoto (m)	шегіртке	[ʃægirtke]
caracol (m)	ұлу	[ʊlu]
grilo (m)	шырылдауық	[ʃirildawiq]
pirilampo, vaga-lume (m)	жылтырауық	[ӡiltirawiq]

joaninha (f)	қызыл қоңыз	[qizil qoŋiz]
besouro (m)	зауза қоңыз	[zauza qoŋiz]

sanguessuga (f)	сүлік	[sʉlik]
lagarta (f)	қырықбуын	[qiriqbuin]
minhoca (f)	құрт	[qʊrt]
larva (f)	құрт	[qʊrt]

Flora

142. Árvores

árvore (f)	ағаш	[aɣaʃ]
decídua (adj)	жапырақты	[ʒapiraqti]
conífera (adj)	қылқанды	[qilqandi]
perene (adj)	мәңгі жасыл	[mæŋgi ʒasil]
macieira (f)	алма ағашы	[alma aɣaʃi]
pereira (f)	алмұрт	[almʊrt]
cerejeira (f)	қызыл шие ағашы	[qizil ʃie aɣaʃi]
ginjeira (f)	кәдімгі шие ағашы	[kædimgi ʃie aɣaʃi]
ameixeira (f)	қара өрік	[qara ørik]
bétula (f)	қайың	[qajiŋ]
carvalho (m)	емен	[emen]
tília (f)	жөке	[ʒøke]
choupo-tremedor (m)	көктерек	[køkterek]
bordo (m)	үйеңкі	[ʉjeŋki]
espruce (m)	шырша	[ʃirʃa]
pinheiro (m)	қарағай	[qaraɣaj]
alerce, lariço (m)	бал қарағай	[bal qaraɣaj]
abeto (m)	самырсын	[samirsin]
cedro (m)	балқарағай	[balqaraɣaj]
choupo, álamo (m)	терек	[terek]
tramazeira (f)	шетен	[ʃæten]
salgueiro (m)	үйеңкі	[ʉjeŋki]
amieiro (m)	қандағаш	[qandaɣaʃ]
faia (f)	шамшат	[ʃamʃat]
ulmeiro, olmo (m)	шегіршін	[ʃægirʃin]
freixo (m)	шетен	[ʃæten]
castanheiro (m)	талшын	[talʃin]
magnólia (f)	магнолия	[magnolija]
palmeira (f)	пальма	[palʲma]
cipreste (m)	сауырағаш	[sawiraɣaʃ]
mangue (m)	мангр ағашы	[mangr aɣaʃi]
embondeiro, baobá (m)	баобаб	[baobab]
eucalipto (m)	эвкалипт	[ɛvkalɪpt]
sequoia (f)	секвойя	[sekvoja]

143. Arbustos

arbusto (m)	бұта	[bʊta]
arbusto (m), moita (f)	бұта	[bʊta]

videira (f)	жүзім	[ʒʉzim]
vinhedo (m)	жүзім егісі	[ʒʉzim egisi]
framboeseira (f)	таңқурай	[taŋquraj]
groselheira-vermelha (f)	қызыл қарақат	[qiził qaraqat]
groselheira (f) espinhosa	тұшала	[tuʃala]
acácia (f)	қараған	[qaraɣan]
bérberis (f)	зерек	[zerek]
jasmim (m)	ақгүл	[aqgʉl]
junípero (m)	арша	[arʃa]
roseira (f)	қызғылт бұта	[qizɣiłt buta]
roseira (f) brava	итмұрын	[ıtmʊrin]

144. Frutos. Bagas

fruta (f)	жеміс	[ʒemis]
frutas (f pl)	жемістер	[ʒemister]
maçã (f)	алма	[alma]
pera (f)	алмұрт	[almʊrt]
ameixa (f)	қара өрік	[qara ørik]
morango (m)	бүлдірген	[bʉldirgen]
ginja (f)	кәдімгі шие	[kædımgı ʃie]
cereja (f)	қызыл шие	[qiził ʃie]
uva (f)	жүзім	[ʒʉzim]
framboesa (f)	таңқурай	[taŋquraj]
groselha (f) negra	қарақат	[qaraqat]
groselha (f) vermelha	қызыл қарақат	[qiził qaraqat]
groselha (f) espinhosa	тұшала	[tuʃala]
oxicoco (m)	мүк жидегі	[mʉk ʒıdegi]
laranja (f)	апельсин	[apelʲsın]
tangerina (f)	мандарин	[mandarın]
abacaxi (m)	ананас	[ananas]
banana (f)	банан	[banan]
tâmara (f)	құрма	[qurma]
limão (m)	лимон	[lımon]
damasco (m)	өрік	[ørik]
pêssego (m)	шабдалы	[ʃabdałi]
quiuí (m)	киви	[kıvı]
toranja (f)	грейпфрут	[grejpfrut]
baga (f)	жидек	[ʒıdek]
bagas (f pl)	жидектер	[ʒıdekter]
arando (m) vermelho	итбүлдірген	[ıtbʉldirgen]
morango-silvestre (m)	қой бүлдірген	[qoj bʉldirgen]
mirtilo (m)	қара жидек	[qara ʒıdek]

145. Flores. Plantas

flor (f)	гул	[gʉl]
buquê (m) de flores	гул шоғы	[gʉl ʃoɣɨ]
rosa (f)	раушан	[rauʃan]
tulipa (f)	қызғалдақ	[qizɣaldaq]
cravo (m)	қалампыр	[qalampɨr]
gladíolo (m)	гладиолус	[gladɪolus]
centáurea (f)	гүлкекіре	[gʉlkekire]
campainha (f)	қоңырау	[qoɲɪrau]
dente-de-leão (m)	бақбақ	[baqbaq]
camomila (f)	түйметағы	[tʉjmetaɣɨ]
aloé (m)	алоэ	[aloɛ]
cacto (m)	кактус	[kaktus]
fícus (m)	фикус	[fɪkus]
lírio (m)	лалагул	[lalagʉl]
gerânio (m)	герань	[geranʲ]
jacinto (m)	сүмбілгүл	[sʉmbilgʉl]
mimosa (f)	мимоза	[mɪmoza]
narciso (m)	нарцисс	[narʦɪss]
capuchinha (f)	настурция	[nasturʦɪja]
orquídea (f)	орхидея	[orhɪdeja]
peônia (f)	пион	[pɪon]
violeta (f)	шегіргүл	[ʃægirgʉl]
amor-perfeito (m)	сарғалдақтар	[sarɣaldaqtar]
não-me-esqueças (m)	ботакөз	[botakøz]
margarida (f)	әсел	[æsel]
papoula (f)	көкнәр	[køknær]
cânhamo (m)	сора	[sora]
hortelã, menta (f)	жалбыз	[ʒalbiz]
lírio-do-vale (m)	меруертгүл	[meruertgʉl]
campânula-branca (f)	бәйшешек	[bæjʃeʃek]
urtiga (f)	қалақай	[qalaqaj]
azedinha (f)	қымыздық	[qɨmɨzdiq]
nenúfar (m)	құмыра гүл	[qumɨra gʉl]
samambaia (f)	қырыққұлақ	[qɨrɨqqʊlaq]
líquen (m)	қына	[qɨna]
estufa (f)	жылыжай	[ʒɨlɨʒaj]
gramado (m)	көгал	[køgal]
canteiro (m) de flores	гүлбағы	[gʉlbaɣɨ]
planta (f)	өсімдік	[øsimdik]
grama (f)	шөп	[ʃøp]
folha (f) de grama	бір тал шөп	[bir tal ʃøp]

folha (f)	жапырақ	[ʒapiraq]
pétala (f)	күлте	[kʉlte]
talo (m)	сабақ	[sabaq]
tubérculo (m)	түйнек	[tʉjnek]

broto, rebento (m)	өскін	[øskin]
espinho (m)	тікенек	[tikenek]

florescer (vi)	гүлдеу	[gʉldeu]
murchar (vi)	саргаю	[sarɣaju]
cheiro (m)	иіс	[ıis]
cortar (flores)	кесу	[kesu]
colher (uma flor)	үзу	[ʉzu]

146. Cereais, grãos

grão (m)	дән	[dæn]
cereais (plantas)	астық дақыл өсімдіктері	[astiq daqil øsimdikteri]
espiga (f)	масақ	[masaq]

trigo (m)	бидай	[bıdaj]
centeio (m)	қара бидай	[qara bıdaj]
aveia (f)	сұлы	[sʊlı]
painço (m)	тары	[tarı]
cevada (f)	арпа	[arpa]

milho (m)	жүгері	[ʒʉgeri]
arroz (m)	күріш	[kʉriʃ]
trigo-sarraceno (m)	қарақұмық	[qaraqʊmıq]

ervilha (f)	бұршақ	[bʊrʃaq]
feijão (m) roxo	бұршақ	[bʊrʃaq]
soja (f)	соя	[soja]
lentilha (f)	жасымық	[ʒasimıq]
feijão (m)	ірі бұршақтар	[iri bʊrʃaqtar]

PAÍSES. NACIONALIDADES

147. Europa Ocidental

Europa (f)	Еуропа	[europa]
União (f) Europeia	Еуропалық одақ	[europaliq odaq]
Áustria (f)	Австрия	[avstrija]
Grã-Bretanha (f)	Ұлыбритания	[ulibritanija]
Inglaterra (f)	Англия	[anglija]
Bélgica (f)	Бельгия	[belʲgija]
Alemanha (f)	Германия	[germanija]
Países Baixos (m pl)	Нидерланд	[niderland]
Holanda (f)	Голландия	[gollandija]
Grécia (f)	Грекия	[grekija]
Dinamarca (f)	Дания	[danija]
Irlanda (f)	Ирландия	[irlandija]
Islândia (f)	Исландия	[islandija]
Espanha (f)	Испания	[ispanija]
Itália (f)	Италия	[italija]
Chipre (m)	Кипр	[kipr]
Malta (f)	Мальта	[malʲta]
Noruega (f)	Норвегия	[norvegija]
Portugal (m)	Португалия	[portugalija]
Finlândia (f)	Финляндия	[finljandija]
França (f)	Франция	[frantsija]
Suécia (f)	Швеция	[ʃvetsija]
Suíça (f)	Швейцария	[ʃvejtsarija]
Escócia (f)	Шотландия	[ʃotlandija]
Vaticano (m)	Ватикан	[vatikan]
Liechtenstein (m)	Лихтенштейн	[lihtenʃtejn]
Luxemburgo (m)	Люксембург	[ljuksemburg]
Mônaco (m)	Монако	[monako]

148. Europa Central e de Leste

Albânia (f)	Албания	[albanija]
Bulgária (f)	Болгария	[bolgarija]
Hungria (f)	Мажарстан	[maʒarstan]
Letônia (f)	Латвия	[latvija]
Lituânia (f)	Литва	[litva]
Polônia (f)	Польша	[polʲʃa]

Romênia (f)	Румыния	[rumɪnɪja]
Sérvia (f)	Сербия	[serbɪja]
Eslováquia (f)	Словакия	[slovakɪja]

Croácia (f)	Хорватия	[horvatɪja]
República (f) Checa	Чехия	[ʧehɪja]
Estônia (f)	Эстония	[ɛstonɪja]

Bósnia e Herzegovina (f)	Босния мен Герцеговина	[bosnɪja men gertsegovɪna]
Macedônia (f)	Македония	[makedonɪja]
Eslovênia (f)	Словения	[slovenɪja]
Montenegro (m)	Черногория	[ʧernogorɪja]

149. Países da ex-URSS

| Azerbaijão (m) | Әзірбайжан | [æzirbajʒan] |
| Armênia (f) | Әрменстан | [ærmenstan] |

Belarus	Беларусь	[belarusʲ]
Geórgia (f)	Гүржістан	[gʉrʒistan]
Cazaquistão (m)	Қазақстан	[qazaqhstan]
Quirguistão (m)	Қырғызстан	[qɨrɣɨzstan]
Moldávia (f)	Молдова	[moldova]

| Rússia (f) | Ресей | [resej] |
| Ucrânia (f) | Украина | [ukraɪna] |

Tajiquistão (m)	Тәжікстан	[tæʒikistan]
Turquemenistão (m)	Түрікменстан	[tʉrikmenstan]
Uzbequistão (f)	Өзбекистан	[øzbekɪstan]

150. Asia

Ásia (f)	Азия	[azɪja]
Vietnã (m)	Вьетнам	[vʲetnam]
Índia (f)	Үндістан	[ʉndistan]
Israel (m)	Израиль	[ɪzraɪlʲ]

China (f)	Қытай	[qɨtaj]
Líbano (m)	Ливан	[lɪvan]
Mongólia (f)	Монголия	[monɣolɪja]

| Malásia (f) | Малайзия | [malajzɪja] |
| Paquistão (m) | Пәкістан | [pækistan] |

Arábia (f) Saudita	Сауди Арабстан	[saudɪ arabstan]
Tailândia (f)	Таиланд	[taɪland]
Taiwan (m)	Тайвань	[tajvanʲ]
Turquia (f)	Түркия	[tʉrkɪja]
Japão (m)	Жапония	[ʒaponɪja]
Afeganistão (m)	Ауғаныстан	[auɣanistan]
Bangladesh (m)	Бангладеш	[bangladeʃ]

| Indonésia (f) | Индонезия | [ındonezıja] |
| Jordânia (f) | Иордания | [ıordanıja] |

Iraque (m)	Ирак	[ırak]
Irã (m)	Иран	[ıran]
Camboja (f)	Камбоджа	[kambodʒa]
Kuwait (m)	Кувейт	[kuvejt]

Laos (m)	Лаос	[laos]
Birmânia (f)	Мьянма	[mʲanma]
Nepal (m)	Непал	[nepal]
Emirados Árabes Unidos	Біріккен Араб Эмираттары	[biriken arab ɛmıratari]

| Síria (f) | Сирия | [sırıja] |
| Palestina (f) | Палестина | [palestına] |

| Coreia (f) do Sul | Оңтүстік Корея | [oɳtustik koreja] |
| Coreia (f) do Norte | Солтүстік Корея | [soltustik koreja] |

151. América do Norte

Estados Unidos da América	Америка құрама штаттары	[amerıka qurama ʃtattari]
Canadá (m)	Канада	[kanada]
México (m)	Мексика	[meksıka]

152. América Central do Sul

Argentina (f)	Аргентина	[argentına]
Brasil (m)	Бразилия	[brazılıja]
Colômbia (f)	Колумбия	[kolumbıja]

| Cuba (f) | Куба | [kuba] |
| Chile (m) | Чили | [tʃılı] |

| Bolívia (f) | Боливия | [bolıvıja] |
| Venezuela (f) | Венесуэла | [venesuɛla] |

| Paraguai (m) | Парагвай | [paragvaj] |
| Peru (m) | Перу | [peru] |

Suriname (m)	Суринам	[surınam]
Uruguai (m)	Уругвай	[urugvaj]
Equador (m)	Эквадор	[ɛkvador]

| Bahamas (f pl) | Багам аралдары | [bagam araldari] |
| Haiti (m) | Гаити | [gaıtı] |

República Dominicana	Доминикан республикасы	[domınıkan respublıkasi]
Panamá (m)	Панама	[panama]
Jamaica (f)	Ямайка	[jamajka]

153. Africa

Egito (m)	Мысыр	[misir]
Marrocos	Марокко	[marokko]
Tunísia (f)	Тунис	[tunıs]
Gana (f)	Гана	[gana]
Zanzibar (m)	Занзибар	[zanzıbar]
Quênia (f)	Кения	[kenıja]
Líbia (f)	Ливия	[lıvıja]
Madagascar (m)	Мадагаскар	[madagaskar]
Namíbia (f)	Намибия	[namıbıja]
Senegal (m)	Сенегал	[senegal]
Tanzânia (f)	Танзания	[tanzanıja]
África (f) do Sul	ОАР	[oar]

154. Austrália. Oceania

Austrália (f)	Австралия	[avstralıja]
Nova Zelândia (f)	Жаңа Зеландия	[ʒaŋa zelandıja]
Tasmânia (f)	Тасмания	[tasmanıja]
Polinésia (f) Francesa	Франция Полинезиясы	[frantsıja polınezıjasi]

155. Cidades

Amesterdã, Amsterdã	Амстердам	[amsterdam]
Ancara	Анкара	[ankara]
Atenas	Афины	[afıni]
Bagdade	Бағдад	[baɣdad]
Bancoque	Бангкок	[bangkok]
Barcelona	Барселона	[barselona]
Beirute	Бейрут	[bejrut]
Berlim	Берлин	[berlın]
Bonn	Бонн	[bon]
Bordéus	Бордо	[bordo]
Bratislava	Братислава	[bratıslava]
Bruxelas	Брюссель	[brjusselʲ]
Bucareste	Бухарест	[buharest]
Budapeste	Будапешт	[budapeʃt]
Cairo	Каир	[kaır]
Calcutá	Калькутта	[kalʲkutta]
Chicago	Чикаго	[tʃıkago]
Cidade do México	Мехико	[mehıko]
Copenhague	Копенгаген	[kopengagen]
Dar es Salaam	Дар-эс-Салам	[dar ɛs salam]
Deli	Дели	[delı]

Dubai	Дубай	[dubaj]
Dublim	Дублин	[dublın]
Düsseldorf	Дюссельдорф	[djusselʲdorf]
Estocolmo	Стокгольм	[stokgolʲm]

Florença	Флоренция	[florentsıja]
Frankfurt	Франкфурт	[frankfurt]
Genebra	Женева	[ʒeneva]
Haia	Гаага	[gaaga]
Hamburgo	Гамбург	[gamburg]

Hanói	Ханой	[hanoj]
Havana	Гавана	[gavana]
Helsinque	Хельсинки	[helʲsınkı]
Hiroshima	Хиросима	[hırosıma]
Hong Kong	Гонконг	[gongkong]
Istambul	Стамбұл	[stambʊl]

Jerusalém	Иерусалим	[ıerusalım]
Kiev, Quieve	Киев	[kıev]
Kuala Lumpur	Куала-Лумпур	[kuala lumpur]
Lion	Лион	[lıon]
Lisboa	Лиссабон	[lıssabon]

Londres	Лондон	[london]
Los Angeles	Лос-Анджелес	[los anʤeles]
Madrid	Мадрид	[madrıd]
Marselha	Марсель	[marselʲ]
Miami	Майями	[majamı]

Montreal	Монреаль	[monrealʲ]
Moscou	Мәскеу	[mæskeu]
Mumbai	Бомбей	[bombej]
Munique	Мюнхен	[mjunhen]
Nairóbi	Найроби	[najrobı]
Nápoles	Неаполь	[neapolʲ]

Nice	Ницца	[nıtsa]
Nova York	Нью-Йорк	[nʲu jork]
Oslo	Осло	[oslo]
Ottawa	Оттава	[ottava]
Paris	Париж	[parıʒ]

Pequim	Бейжің	[bejʒıŋ]
Praga	Прага	[praga]
Rio de Janeiro	Рио-де-Жанейро	[rıo de ʒanejro]
Roma	Рим	[rım]
São Petersburgo	Санкт-Петербург	[sankt peterburg]
Seul	Сеул	[seul]

Singapura	Сингапур	[sıngapur]
Sydney	Сидней	[sıdnej]
Taipé	Тайпей	[tajpej]
Tóquio	Токио	[tokıo]
Toronto	Торонто	[toronto]
Varsóvia	Варшава	[varʃava]

Veneza	**Венеция**	[venetsɪja]
Viena	**Вена**	[vena]
Washington	**Вашингтон**	[vaʃɪngton]
Xangai	**Шанхай**	[ʃanhaj]

www.ingramcontent.com/pod-product-compliance
Lightning Source LLC
LaVergne TN
LVHW051741080426
835511LV00018B/3177